„Die Anderswelt ist eine menschliche Vorstellung dessen, das 'Jenseits' liegt - aber doch noch innerhalb einer gewissen Reichweite. Wie wir gesehen haben, erfolgt der Zugang nicht direkt, sondern absichtslos, an den Bruchstellen der Zeit, auf verschlungenen Umwegen und Irrfahrten übers Meer durch tranceartige Zustände, Nacht oder Nebel. Vergleichbare Jenseitsfahrten hat es in allen Kulturen und zu allen Zeiten gegeben."

Marita Lück

# BIBLIOTHEK DER ANDERSWELT

## Herausgegeben von Marina Grünewald

Marina Grünewald (Hrsg.)

# Hohe Priesterinnen

**Smaragd Verlag**

© Smaragd Verlag, Neuwied
Erstausgabe Januar 1999

**Titelbild:**
XPresentation Stefan Huber, Boppard, unter Verwendung eines
Bildes von Gustave Moreau
**Layout und Gestaltung**
Bertram Wallrath
**Satz**
DTP-Service-Studio, Bad Hönningen
**Druck**
Kossuth Printing AG, Budapest
ISBN  3-926374-64-0
99 00 01 02 / 4 3 2 1

# INHALTSVERZEICHNIS

Kraft und Wissen der Priesterinnen von Marina Grünewald

## Marina Grünewald:
# Kraft und Wissen der Hohepriesterinnen

*„Ich bin die erste und die letzte. Ich bin die Verehrte und die Verachtete. Ich bin die Hure, ich bin die Heilige!"*

Das Priestertum war und ist immer schon weiblich. Am Anfang war >Mana< die weibliche Kraft, der Mond - Geist, die Magie, die übernatürlichen Kräfte der Göttinnen und Gottheiten. Und dieses Mana wurde gehütet, getragen und weitergegeben von den Priesterinnen.Sie erhielten diese Kraft, dieses Wissen durch Geburt oder durch Übertragung (z.B. Salbung, Weihe, Reinigung oder Handauflegen). Meist war damit Ehelosigkeit oder Jungfräulichkeit verbunden, da sie auch als Zauberinnen, Prophetinnen, Seherinnen und Heilerinnen der Kranken verehrt wurden. Oder anders ausgedrückt, Priesterinnen waren zuständig für das Wohlbefinden von Körper, Geist und Seele ihrer Anhänger und Gläubigen. In allen matriarchalischen Kulturen hatten sie die gleichen Aufgaben, ob sie nun japanische Geist - Frauen, persische Houris, ägyptische Tempeldirnen oder altgriechische Hierodulen waren.

Durch diese Heilkünste oder die berühmten rituellen Schleiertänze entstand später das (männliche) Märchen von den „Tempel - Prostituierten".

Die patriarchalischen monotheistischen Religionen (Judentum, Christentum und Islam) verstärkten diese Meinung natürlich noch, verketzerten die Priesterinnen der alten und vielgestaltigen Religionen und schlossen die Frauen vom Priestertum aus. Besonders das männlich geprägte Christentum tat sich in der Diskreditierung der Priesterinnen als „sündhafte Prostituierte" besonders hervor. Was sie - die christliche Kirche - aber nicht davon abhielt, das Bild der jungfräulichen Heiligen und der Hure noch bis weit ins Mittelalter hinein zu vermischen. Papst Sergius ordnete zum Beispiel „am Tag der Geburt der gesegneten Jungfrau" eine alljährliche Prozession zum Tempel der „Prostituierten" - Göttin Libera - an und änderte den Namen des Tempels kurzerhand in Santa Maria Maggiore (Allergrößte Heilige Maria). Und Papst Julius II. ließ während seines Pontifikates in Rom ein sogenanntes „heiliges" Bordell einrichten, das auch noch unter seinen Nachfolgern erfolgreich florierte. Die Einkünfte aus diesem Bordell kamen den Ordensschwestern von St. Maria Magdalena zugute, was zumindest den Schluß zuläßt, daß die heiligen Ordensschwestern und die „magdalenas" (Huren) identisch waren. Auch Papst Innozenz III. kümmerte sich intensiv um die römischen Prostituierten, den sogenannten „virgines" (unverheiratete Frauen), und verkündete öffentlich, daß jeder Mann, der eine solche Frau heiraten würde, im Himmel zu großen Ehren gelangen könne.

Das alles hielt die Kirche aber nicht davon ab, den Frauen den Zugang zum Priestertum zu verwehren und ihnen die Befähigung dazu abzusprechen. Natürlich berief sich das männliche Priestertum auch auf das „Mana", aber plötzlich klang die Definition ganz anders. Der englische Missionar Carrington erklärte diesen Begriff 1878 wie folgt: *„Es besteht ein Glaube an eine Kraft, die, vollkommen getrennt von physischer Stärke, auf jede Weise zum Guten und Bösen wirkt, und die zu besitzen und zu kontrollieren der größte Vorteil ist. Das ist Mana!"* Also nicht mehr intuitives Wissen um Kraft und Stärke, sondern Besitz und Kontrolle von guten oder bösen Kräften.

Dennoch haben Frauen zu allen Zeiten den Verboten, Verfolgungen und Unterdrückungen zum Trotz als Priesterinnen gelebt und gewirkt. Manchmal mußten sie zu „männlichen Waffen" greifen um (wie Johanna die Päpstin) als Mann verkleidet den Heiligen Stuhl besetzen zu können. So berichtet Agrippa von Nettesheim leicht säuerlich: *„In unserer Religion aber, wenn gleich den Weibern das priesterliche Amt versagt ist, so wissen wir dennoch, was in den Geschichtsbüchern angezeigt ist, daß nämlich ein Weib sein Geschlecht verhehlte und zum Papsttum gelangt ist!"*

Andere - wie zum Beispiel Dion Fortune - verließen sich einfach auf ihr Mana, ihre Mondmagie, wie Alan Richardson in ihrer Biographie so trefflich schreibt: *„Da die Kleriker von heute in den orthodoxen, etablierten Kirchen immer noch umständlich über den Sinn oder Unsinn weiblicher Priester debattieren, muß Wert auf die Tatsache gelegt werden, daß Dion Fortune bereits vor mehr als sechzig Jahren als wahre, mächtige Priesterin gewirkt hat."* Und Dion Fortune, die Hohepriesterin der Isis, schreibt selbst: *„Schließlich wurde mir klar, warum es Priesterinnen ebenso wie Priester geben mußte;in einer Frau liegt eine Dynamik, die die emotionale Natur des Mannes befruchtet, so wie er ihren physischen Körper befruchtet. Diese Tatsache hat die moderne Zivilisation, die alles in Klischees und Formen preßt, vergessen, so wie sie die Magie des Mondes als Herrscherin über Ebbe und Flut vergißt!"*

Aus der schier unendlichen Schar von Priesterinnen aller Zeiten, Religionen und Kulturen haben wir für dieses spirituelle Lesebuch besondere Persönlichkeiten ausgewählt. Insbesondere die Frauen, bei denen die herrschenden Kräfte (ob Kirchen, Familien oder staatliche Funktionsträger) zur schlimmsten Waffe, nämlich der Auslöschung und Vernichtung der faktischen Biographie oder allen biographischen Materials (wie zum Beispiel bei der Hl. Thekla, bei der Päpstin Johanna, bei Sor Juana Ines de la Cruz, Christina Rossetti oder Dion Fortune) gegriffen haben. Auch die ursprünglich als Jungfrauen verehrten und dann als Hure verketzerten wie Salome, Maria Magdalena oder Marie Laveau, oder die großen Wissenden und Gestalterinnen wie Mirjam die Jüdin, Hildegard von Bingen oder Lorenza Feliciani, genannt Seraphina, finden wir hier versammelt und vorgestellt. Wenn die Priesterinnen im allgemeinen die Glut waren, durch die alles Wissen und alle Geheimnisse entfacht wurde, dann sind die hier dargestellten Hohepriesterinnen die lodernden Fackeln, die das Wissen und die Kraft weitergereicht haben und weiterreichen werden. So schreibt Jewell Parker Rhodes in der Biographie von Maria Laveau, der weltberühmten Voodoo-Päpstin, am Schluß:

*„Alle Frauen sind Zauberinnen! Möge die Macht von einer Generation zur anderen vererbt werden!"*

# Hohe Priesterinnen in Mythen und Legenden

**Die Päpstin Johanna**

# Donna Woolfolk Cross
# Die Päpstin Johanna

Päpstin Johanna zählt zu den faszinierendsten und außergewöhnlichsten Gestalten der abendländischen Geschichte - und zu denen, über die am wenigsten bekannt ist. Die meisten Leute haben noch nie von Päpstin Johanna gehört, und diejenigen, denen ihr Name geläufig ist, betrachten ihr Leben als Legende.

Doch über mehr als achthundert Jahre hinweg - von der Mitte des neunten bis ins siebzehnte Jahrhundert - war Johannas Pontifikat allgemein bekannt und wurde als historische Wahrheit akzeptiert. Im siebzehnten Jahrhundert jedoch unternahmen verschiedene Einrichtungen der katholischen Kirche, die sich wachsenden Angriffen durch den aufstrebenden Protestantismus ausgesetzt sah, einen gemeinschaftlichen Versuch, die peinlichen historischen Unterlagen über Johanna zu vernichten. Hunderte von Büchern und Manuskripten wurden vom Vatikan eingezogen. Wie wirkungsvoll diese Maßnahmen waren, wird dadurch ersichtlich, daß Johanna aus dem heutigen Bewußtsein praktisch verschwunden ist.

Die katholische Kirche führt derzeit zwei grundsätzliche Argumente ins Feld, die angeblich gegen Johannas Papstamt sprechen: Zum einen das Fehlen jeglicher Erwähnung Johannas in zeitgenössischen Dokumenten, zum anderen der angebliche Mangel an ausreichend zeitlichem Spielraum, um Johannas Pontifikat zwischen dem Ende der Amtszeit ihres Vorgängers, Papst Leo IV., und dem Beginn der Amtszeit ihres Nachfolgers, Papst Bendikt III., „unterzubringen".

Diese Argumente sind jedoch alles andere als schlüssig. Es kann kaum verwundern, daß Johannas Name in keinen zeitgenössischen Dokumenten erscheint, wenn man bedenkt, wieviel Zeit der Kirche zur Verfügung stand - und wieviel Energie sie darauf verwendet hat -, jeden Hinweis auf Päpstin Johanna zu verwischen. Es kommt hinzu, daß Johanna im neunten Jahrhundert gelebt hat, einem der dunkelsten des frühen „finsteren Mittelalters"; dies hat es der Kirche mit Sicherheit leichter gemacht, alle Spuren zu beseitigen, die Johanna als Päpstin hinterlassen hat. Im neunten Jahrhundert war das Analphabetentum weit verbreitet, was durch die außerordentliche Armut an schriftlichen Quellen unterstri-

chen wird. Deshalb muß man sich heute bei der wissenschaftlichen Er-
forschung dieser Episode zumeist auf bruchstückhafte, unvollständige,
verstreute, widersprüchliche und unzuverlässige Dokumente stützen.
Von einer höchst umstrittenen Handschrift abgesehen, dem *Liber Pontificalia* (das von einigen Wissenschaftlern als „propagandistisches Doku-
ment" bezeichnet wurde), gibt es auch keine fortlaufende Liste der Päpste des neunten Jahrhunderts (und nicht nur des neunten) - wer sie
waren, wann sie regierten, was sie bewirkt haben. Johannas Nachfolger
beispielsweise, Papst Benedikt III., wird praktisch nur im *Liber Pontifica-
lis* erwähnt - und dabei war *er* nicht das Ziel eines regelrechten Vernich-
tungsfeldzuges.

Doch ein uraltes Exemplar des *Liber Pontificalia*, in dem auch Johannas Pontifikat verzeichnet ist, existiert noch heute. Der Eintrag über
Johanna stammt offensichtlich aus späterer Zeit und wurde unbeholfen
in den Hauptteil des Textes eingefügt. Aber dies bedeutet keineswegs,
daß der Bericht falsch ist; ein späterer Geschichtsschreiber, der von der
Richtigkeit der Aussagen politisch weniger suspekter Chronisten überzeugt gewesen sein mag, fühlte sich möglicherweise moralisch verpflich-
tet, die „offizielle" Akte zu korrigieren.

Daß Johanna in zeitgenössischen kirchlichen Dokumenten nicht erscheint, kann schwerlich verwundern. Die römischen Kleriker der damali-
gen Zeit hätten vor Entsetzen über die gewaltige Täuschung, der sie zum
Opfer gefallen waren, zu allen Mitteln gegriffen, sämtliche schriftlichen
Berichte über diese peinliche Episode zu verbergen. Sie hätten es sogar
als ihre *Pflicht* betrachtet. Hinkmar beispielsweise, Erzbischof von Reims
und Zeitgenosse Johannas, hat in seinen Briefen und Chroniken häufig
Informationen zurückgehalten, die der Kirche Schaden hätten zufügen
können. Selbst der große Theologe Alkuin schreckte nicht davor zurück,
an der Wahrheit zu drehen; in einem seiner Briefe gesteht er, einen Bericht über die Unkeuschheit und den Ämterkauf durch Papst Leo III. vernichtet zu haben.

Insofern sind die schriftlichen Hinterlassenschaften von Johannas
Zeitgenossen mit Vorsicht zu genießen. Dies gilt insbesondere für die römischen Prälaten, die ein starkes persönliches Interesse daran hatten,
die Wahrheit zu unterdrücken. Bei den seltenen Gelegenheiten, da ein
Pontifikat für ungültig erklärt wurde - wie es bei Johanna der Fall gewe-

sen wäre, hätte man ihre weibliche Identität entdeckt -, wurden sämtliche bereits getroffenen Anordnungen, erlassen und Entscheidungen des betreffenden Papstes automatisch null und nichtig. Sämtlichen Kardinälen, Bischöfen, Diakonen und Priestern, die von diesem Papste die Weihe empfangen hatten, wurden Titel und Ämter aberkannt. Insofern kann es nicht verwundern, daß in den Dokumenten und Akten, die von diesen Männern geführt bzw. kopiert wurden, sich nirgends eine Erwähnung Johannas findet.

In der Tat gibt es in späteren Jahrhunderten keinen Mangel an Quellenmaterial über Johannas Pontifikat. Der deutsche Historiker Friedrich Spanheim, der eine umfangreiche Studie über dieses Thema verfaßt hat, zitiert nicht weniger als *fünfhundert* alte Manuskripte, die Berichte über Johannas Amtszeit enthalten; zu den Verfassern zählen so anerkannte Autoren wie Petrarca oder Boccacio.

Heute wird Johanna von der katholischen Kirche als „Erfindung" protestantischer Reformierer betrachtet, die darauf bedacht gewesen seien, die papistische Korruption zu enthüllen. Doch Johannas Geschichte wurde bereits Jahrhunderte vor Martin Luthers Geburt niedergeschrieben. Außerdem waren die meisten Chronisten Johannas Katholiken, die hohe Ämter in der kirchlichen Hierarchie innehatten. Johannas Geschichte wurde sogar in einigen „offiziellen" Geschichtswerken über die Päpste aufgeführt. In der Kathedrale von Siena stand ihre Statue unbestritten und unangefochten neben denen anderer Päpste - bis zum Jahre 1601, als sie auf Anordnung Papst Clemens' VIII. plötzlich in ein Standbild Papst Zacharias' „umgewandelt" wurde.

Doch im Jahre 1276, nachdem man eine gründliche Durchsuchung der päpstlichen Akten und Urkunden vorgenommen hatte, änderte Papst Johannes XX. seinen Amtsnamen in Papst Johannes XXI. - als offizielle Anerkennung des Pontifikats Johannas als Papst Johannes VIII. Johannas Geschichte wurde in die offiziellen kirchlichen „Reiseführer" der Stadt Rom aufgenommen, der mehr als drei Jahrhunderte von Pilgern genutzt wurde.

Ein weiteres stichhaltiges historisches Beweisstück wurde in den Akten des ausführlich dokumentierten Prozesses geführt, der 1413 wegen Ketzerei gegen Johannes Hus gefunden wurde. Hus wurde verurteilt, weil er die häretische Lehre gepredigt hatte, der Papst sei *nicht* un-

16

fehlbar. Zu seiner Verteidigung führte Hus eine Vielzahl von Beispielen an, da Päpste gesündigt oder Verbrechen gegen die Kirche begangen hatten. Jede dieser Klagen wurde von Hus' Richtern - allesamt Kirchenmänner - in allen Einzelheiten beleuchtet, als unrichtig zurückgewiesen und als ketzerisch abgestempelt. Nur eine der Aussagen Hus' wurde akzeptiert: „Päpste sind viele Male der Sünde und dem Irrtum anheimgefallen, so zum Beispiel, als Johanna zum Papst gewählt wurde, obwohl sie eine Frau war." Kein einziger der 28 Kardinäle, 4 Patriarchen, 30 Metropoliten, 206 Bischöfe und 440 Theologen hat Hus dieser Aussage wegen der Lüge oder Blasphemie beschuldigt.

Das zweite Hauptargument, das die Kirche gegen Johannas Papstamt anführt, stützt sich darauf, daß zwischen den Pontifikaten der Päpste Leo IV. und Benedikt III. zu wenig Zeit vergangen sei, als daß Johanna das Amt des Papstes hätte innehaben können. Aber dieses Argument ist mehr als fragwürdig. Eine sorgfältige Überprüfung der frühesten päpstlichen Dokumente enthüllt eine vielsagende Auslassung: Zwar wird als Todestag Leo IV. der 17. Juli genannt, aber die Jahresangabe fehlt. Diese Aussage hätte es späteren Chronisten leicht gemacht, das Todesjahr Leos von 853 in das Jahr 855 zu verlegen - also über jene zwei Jahre hinweg, in denen Johanna ihr Papstamt innehatte -, um auf diese Weise den Eindruck zu erwecken, Papst Benedikt III. sei der unmittelbare Nachfolger Papst Leos IV. gewesen.

Außerdem gibt es indirekte Beweise - bestimmte Gegenstände und Maßnahmen - die nur sehr schwer zu erklären sind, sollte es tatsächlich niemals einen weiblichen Papst gegeben haben. Ein Beispiel ist die sogenannte „Sesselüberprüfung", die für mehr als sechshundert Jahre ein Bestandteil der mittelalterlichen Papstwahl und - weihe gewesen ist. Nach Johannas Pontifikat - also ab der zweiten Hälfte des neunten Jahrhunderts - mußte jeder neu gewählte Papst auf dem *sella stercoraria* Platz nehmen (wörtlich übersetzt etwa: „Dung - Sessel"), der in der Mitte eine große Öffnung ähnlich einer Toilette aufwies; auf dem Stuhl wurden die Genitalien des Erwählten untersucht, um sich zu überzeugen, daß es sich tatsächlich um einem Mann handelt. Anschließend verkündete der Untersuchende (für gewöhnlich ein Diakon) den Versammelten: „*Mas nobis nominus est*" - „unser Erwählter ist ein Mann." Erst dann wurden dem Papst die Schüssel zu Sankt Peter ausgehändigt. Diese Zeremonie wurde bis ins sechste Jahrhundert beibehalten. Sogar Alexander Borgia mußte sich dieser peinlichen Untersuchung unterziehen, obwohl seine Frau ihm zum Zeitpunkt der Wahl bereits vier Söhne geboren hatte, die er stolz als seine Kinder anerkannte.

Die katholische Kirche streitet die Existenz des *sella stercoraria* auch gar nicht ab; denn diesen Stuhl gibt es noch heute in Rom. Auch wird von der kirchlichen Seite nicht bestritten, daß dieser Stuhl über Jahrhunderte hinweg bei der Zeremonie der Papstweihe benutzt wurde. Doch wird vielfach die Behauptung erhoben, daß der Stuhl nur seines „schönen und beeindruckenden Äußeren" wegen verwendet worden sei; daß die Sitzfläche ein Loch aufweist, habe „keine besondere Bedeutung". Diese Argumentation ist, gelinde gesagt, absurd. Der Stuhl hat einstmals offensichtlich als Toilette gedient, oder vielleicht auch als Entbindungsstuhl. Kann man davon ausgehen, daß ein Gegenstand, der einstmals zu derart ordinären und „weltlichen" Zwecken benutzt wurde, als *Papstthron* gedient hat, ohne daß es einen guten Grund dafür gegeben hätte? Wohl kaum. Und falls die „Geschlechtsuntersuchung" der Päpste tatsächlich ins Reich der Phantasie gehört - wie erklärt sich dann die Vielzahl der Zoten, Scherze und Lieder, die sich auf den Stuhl beziehen und die beim Volk von Rom jahrhundertelang weit verbreitet gewesen sind? Zugegeben, wir reden hier von Zeiten der Unwissenheit und des Aberglaubens, doch das mittelalterliche Rom war eine eng zusammengewachsene, ja , zusammen*gedrängte* Gemeinschaft: Viele Menschen wohnten nur einen Steinwurf weit vom Papstpalast entfernt; viele ihrer Väter, Brüder, Söhne und Vettern waren Prälaten, die bei den Papstweihen dabeigewesen sind und die Wahrheit über die *sella stercoraria* gekannt haben müßten.

Es gibt sogar einen Augenzeugenbericht über eine solche „Sesselüberprüfung": Im Jahr 1404 reiste der Waliser Adam von Usk nach Rom und blieb länger als zwei Jahre in der Stadt; während dieser Zeit führte er sorgfältig Buch über seine Beobachtungen. In seiner ausführlichen Beschreibung der Krönungs- und Weihefeierlichkeiten von Papst Innozenz VII. wird auch die „Sesselüberprüfung" geschildert.

Einen weiteren wichtigen Beweis liefert die „gemiedene Straße". Das Patriarchum - der Papstpalast und die Bischofskirche des Papstes in seinem Amt als Bischof von Rom (die heutige San Giovianni in Laterano) - befindet sich auf der gegenüberliegenden Seite des Petersdomes; aus diesem Grunde zogen päpstliche Prozessionen oft zwischen den beiden Kirchen hindurch. Schon ein flüchtiger Blick auf eine Karte des modernen Roms zeigt, daß die Via Sacra (die heutige Via San Giovianni) die mit Abstand kürzeste und direkteste Verbindung zwischen diesen beiden Orten ist - und in der Tat wurde sie über Jahrhunderte hinweg von den Päpsten benutzt (daher der Name Via Sacra, „heilige Straße"). Die Via Sacra ist nun jene Straße, auf der Johanna der Überlieferung nach bei der Frühgeburt starb. Kurze Zeit später mieden päpstliche Prozessionen absichtlich diese Straße, und zwar „aus Abscheu ob dieses Vorfalls".

Die katholische Kirche argumentiert, daß der Umweg lediglich deshalb gemacht wurde, weil die Straße für Prozessionen zu schmal gewesen sei, und dies bis ins sechzehnte Jahrhundert, als sie unter Papst Sixtus V. verbreitert wurde. Aber diese Erklärung ist offensichtlich unwahr. Im Jahr 1486 beschrieb Johannes Burckhardt, Bischof von Horta und päpstlicher Zeremonienmeister unter fünf Päpsten (ein Amt, das ihm intimste Kenntnisse über den päpstlichen Hof verschafft haben dürfte), in seinem Tagebuch, was sich zugetragen hatte, als eine päpstliche Prozession mit der Gewohnheit brach und über die Via Sacra zog: *Auf dem Rückweg kam er (der Papst) am Kolosseum vorbei und (zog) die gerade Straße hinunter, auf der... Johannes Anglicus ein Kind gebar, was der Grund dafür ist, daß die Päpste... bei ihren Kavalkaden nie durch diese Straße ziehen; deshalb wurden dem Papst Vorhaltungen gemacht... vom Erzbischof von Florenz, dem Bischof von Massano und Hugo de Bencii, dem apostolischen Subdiakon...*

Einhundert Jahre *vor* der Verbreiterung der Straße ist diese päpstliche Prozession also ohne Schwierigkeiten über die Via Sacra gezogen. Außerdem geht aus Burckhardts Bericht eindeutig hervor, daß zu seiner Zeit (im 15. Jahrhundert) selbst hohe Würdenträger im päpstlichen Palast gar keinen Zweifel an Johannas Pontifikat hatten.....

Das Leben in diesen unruhigen Zeiten war für die Frauen besonders schwer. Es war ein misogynitisches Zeitalter, das unter anderem von den frauenfeindlichen Schmähschriften solcher Kirchenväter wie Sankt Paul und Tertullian geprägt wurde:

*Und weißt du nicht, daß du die Eva bist? ... Du bist das Tor des Teu-*

*fels, die Schlange im Baum, die erste Abtrünnige vom göttlichen Gesetz; du bist die, welche jenen verführte, dem der Teufel sich nicht zu nähern wagte... des Todes wegen, den du verdient hast, mußte selbst der Sohn Gottes sterben.*

Die Menschen glaubten, daß Menstruationsblut den Wein sauer werden ließ, Feldfrüchte verdarb und Stahl stumpf machte, daß es Eisen rosten ließe und Hundebisse mit Gift verseuchte, für das es kein Gegengift gab. Von wenigen Ausnahmen abgesehen, wurden Frauen als minderes unterlegenes Geschlecht betrachtet - und entsprechend behandelt -; ein Geschlecht, dem gesetzliche Rechte ebensowenig wie ein Recht auf Eigentum zustanden. Von Rechts wegen durften Männer ihre Frauen schlagen. Vergewaltigungen wurden als eine harmlosere Form des Diebstahls betrachtet. Frauen wurden von einer schulischen Ausbildung ferngehalten; denn eine gelehrte Frau wurde nicht nur als widernatürlich, sondern auch als gefährlich betrachtet.

Deshalb kann es nicht verwundern, daß Frauen tatsächlich beschlossen haben, sich als Männer auszugeben, um einem solchen Leben zu entrinnen. Außer Johanna gibt es weitere Beispiele von Frauen, die es erfolgreich bewerkstelligt haben, ein Leben als Mann zu führen. Bereits im dritten nachchristlichen Jahrhundert trat Eugenia, die Tochter des Präfekten von Alexandria, als Mann verkleidet in ein Kloster ein und schaffte sogar den Aufstieg bis zum Abt. Ihre wahre Identität blieb unentdeckt, bis sie gezwungen war, ihr Geschlecht preiszugeben, als man ihr vorwarf, ein Mädchen entjungfert zu haben. In 12. Jahrhundert wurde St. Hildegund unter dem Namen „Bruder Josef" als Mönch ins Kloster Schonau aufgenommen und lebte bis zu ihrem Tod viele Jahre unentdeckt in der Bruderschaft.

Die Flamme der Hoffnung, die von diesen und anderen Frauen entfacht wurde, war nur ein schwaches Flackern auf einem Meer der Dunkelheit; doch gänzlich erloschen ist diese Flamme nie. Für Frauen die stark genug waren zu träumen, gab es Gelegenheiten. Die *Päpstin* ist die Geschichte einer solchen Frau, die einen solchen Traum gelebt hat.

**Morgan le Fay**

# Geoffrey Ashe

# Morgan le Fay, die "Priesterin der Schwarzen Kunst"

Morgan le Fay oder Morgain le Fée war Arthurs älteste Halbschwester, wie Morgause eine Tochter Ygernas von ihrem ersten Mann. Sie wurde im Kloster erzogen, studierte aber mit Merlins Hilfe die Magie und wurde eine Meisterin auf diesem Gebiet. Sie wohnte hauptsächlich in Avalon, der paradiesischen Apfelinsel, wo Arthurs Schwert in einer Schmiede des Feenvolkes hergestellt worden war. Morgan war dort das Oberhaupt von neun Schwestern. Das Wort „Schwestern" bedeutet nicht, daß Ygerna so vielen Töchtern das Leben schenkte; Morgan stand vielmehr einer Schwesternschaft im Sinne einer Gemeinschaft vor. Sie hatte die Gabe der Heilkraft, konnte ihre Gestalt verändern und fliegen. Ihre Gefährtinnen hatten bis zu einem gewissen Grad an diesen Gaben teil, aber sie übertraf alle an Schönheit und Geschicklichkeit und unterrichtete sie in anderen Disziplinen wie beispielsweise Mathematik. Sie besaß noch andere Heimstätten, darunter die Burg von Maidens bei Edinburgh, und sogar eine Zuflucht im Mittelmeerraum, auf Sizilien nämlich, wo sie Fata Morgana hieß und ihren Namen einem Trugbild gab, das in der Straße von Messina erscheint und das man ihrem Zauber zuschrieb und auch heute noch zuschreibt.

Ihr eilte der Ruf der sexuellen Unersättlichkeit voraus, und es hieß, sie bediene sich magischer Kräfte, um Männern in ein "Tal ohne Wiederkehr" zu locken, wo sie sich mit ihnen vergnügte. Wie dem auch gewesen sein mag: sie heiratete jedenfalls. Ihr Ehemann war Urien, einer von Arthurs Unterkönigen, und sie gebar ihm einen Sohn Owain. Es gibt Stimmen, die behaupten, sie und nicht ihre Schwester Morgause sei die Mutter Mordreds gewesen, des Mannes mit der zweifelhaften Abstammung.

Morgan erwies sich Arthur gegenüber verschiedentlich als wohlwollend, aber man warf ihr vor, sie habe sich gegen ihn gewandt und ihre Künste dazu genutzt, Unfrieden zu stiften. So sagte man, sie habe ihm einen Zaubertrunk verabreicht, der ihm die Augen für die Treulosigkeit seiner Königin öffnete - vielleicht heilte er ihn aber auch lediglich von seinem Selbstbetrug. In rachsüchtiger Stimmung , weil er einen ihrer Liebhaber hatte hinrichten lasen, stahl sie Excalibur und gab es Accolon, einem anderen Geliebten; zurück ließ sie eine wirkungslose Kopie, die Arthur hinters Licht führen sollte. Der König holte sich das Schwert zurück und besiegte Accolon im Kampf. Morgan war es auch, die durch ihre Machenschaften die Herausforderung des Grünen Ritters heraufbeschwor, die Gawain aufgriff und die für die Tafelrunde eine recht harte Bewährungsprobe darstellte.

Morgans neun Gefährtinnen lassen sich mit den neun Jungfrauen vergleichen, die den Kessel bewachen, den Arthur in der wasserorientierten Anderswelt von Annwfn suchte. Welches auch immer die Ursprünge der Neun sein mögen, sie jedenfalls ist eine Figur aus den alten heidnischen Zeiten. Bei den Kelten gab es Mythen über Inseln im Sonnenuntergang, die von Feenfrauen bewohnt waren, und bei klassischen Schriftstellern ist von realen und relevanten Schwesternschaften die Rede, so von einer Gruppe von neun Wunderheilerinnen auf der Ile de Sein vor der bretonischen Küste. Das Oberhaupt einer solchen Schwesternschaft konnte die Priesterin einer Göttin und deren Manifestation sein. Morgan ist in ihren Ursprüngen sicherlich göttlich, eine Tatsache, die selbst im Mittelalter von mehreren Autoren anerkannt wird. Möglicherweise ist sie das Pendant einer walisischen Modron, bei der es sich wiederum in letzter Instanz um die Flußgöttin Matrona handelt. Auch ihr Name deutet auf den Einfluß einer irischen Gottheit hin, der Morrigan. Von den Autoren höfischer Epen mehr oder weniger vermenschlicht, setzte man sie in Blutsverwandtschaft zu Arthur und gab ihr einen Mann und einen Sohn, wenn ihre Familie auch kaum den Eindruck erweckte, als habe sie einen engen Zusammenhalt oder als sei sie besonders stabil. Urien und sein Sohn Owain sind historische Personen, die gegen die nördlichen Angeln kämpften und denen in den Versen des Barden Taliesin ein Loblied gesungen wird. Ihre Einführung in dieses Milieu ist reine Fiktion: sie lebten viel später, als daß sie Zeitgenossen Arthurs hätten sein können.

Daß Morgan und nicht ihre Schwester die richtige Mutter Mordreds war, ist die Idee einiger moderner Romanschriftsteller und Filmemacher. Dem liegt vielleicht der Wunsch zugrunde, finstere weibliche Kräfte in einer einzigen Frau zu konzentrieren. Ursprünglich waren diese Kräfte aber durchaus nicht finsterer Natur. Der Wandel in Morgans Charakter ist hauptsächlich auf eine Verschiebung in der religiösen Einstellung zurückzuführen. Erinnern wir uns: Die keltischen Christen hegten gegenüber den Anschauungen, die man in vorchristlicher Zeit pflegte, keine tiefverwurzelte Feindschaft. Die Verwandlung der göttlichen Morgan in eine Zauberin ist nur ein Beispiel für ihre Bereitschaft, die alten Götter zu adaptieren. Als Morgan auf ihrem Apfeleiland ihr literarisches Début gibt (das geschieht in Geoffreys „Vita Merlini"), ist sie eine wohlwollende und attraktive Figur, und bei den frühen Schreibern von Ritterromanen ähneln ihre Beziehungen zu Arthur denen einer Art „Patentante aus dem Feenreich".

Aber die mittelalterliche Christenheit verhärtete sich in ihrer Einstellung und ging zu einer Haltung über, die zur Schwarz-Weiß-Malerei tendierte. Es war daher schwierig für sie, sich mit einer derartigen Figur zu arrangieren. Konnte jemand, der sich in unchristlicher Magie übte, wirklich gut sein oder doch zumindest als neutral eingestuft werden? Auf Grund dieses Prinzips erklärte man selbst Merlin, der eine zu erhabene Persönlichkeit war, um ihn ohne weiteres in die schwarze Ecke abdrängen zu können, zum Sohn eines Teufels, der nur durch die Tugend seiner Mutter vor dem ganzen Ausmaß seines väterlichen Erbes bewahrt wurde. Was Morgan angeht, so wird sie in einigen der Ritterromane schlichtweg als bösartig gezeichnet, eine Hexe, eine „Priesterin der Schwarzen Kunst", um Malorys Worte zu gebrauchen. Diese Denkart setzt sich nicht immer durch: die Dame vom See entging einer ernsthaften Diffamierung. Morgan hingegen gelang es nicht, und daher sind die verschiedenen Porträts, die von ihr gezeichnet wurden, nicht sehr kohärent. Die Behandlung, die man ihrer Person angedeihen läßt, weist schon auf den der Hexenverfolgung späterer Zeiten zugrundeliegenden Wahn hin, daß alles, was auch nur annähernd von einem Hauch von Magie, ganz besonders weiblicher Magie, umgeben war - darunter fielen sogar die Kräuterzauber der weisen Frauen auf dem Dorf - einen engen Bezug zum Satan haben mußte.

### Dion Fortune (Violeth Firth)
## Morgan - die Seepriesterin von Avalon

Ich glaube, ich bin wirklich Morgan le Fay, König Arthurs Hexenschwester gewesen, und Merlin war mein Pflegevater. Die Mutter von Artus, Königin Uther, war eine Seepriesterin von Atlantis, vermählt mit einem Mann aus dem Volk. Es war keine Liebesheirat, sondern eine Zweckehe, damit sich die Tore der Zinninseln für das Volk ihres Vaters öffneten. Merlin, zu den Priestern von Atlantis gehörend, kam mit den Zinnschiffen nach Britannien, als Führer des Kults und Bell Knowle, ähnlich wie der heilige Berg des Mutterstaats, war für ihren Zweck ausgewählt worden. Nach dem Tod von Uther war die Seeprinzessin zu ihrem Volk zurückgekehrt und hatte einen Mann des Heiligen Clans geheiratet und eine Tochter geboren.

Diese Tochter war, wie es die Sitte gebot, im Haus der Jungfrauen erzogen worden. Alle Kinder des Heiligen Clans wurden in ihrem siebten Lebensjahr zur Zeit der Sonnenwende zum großen Tempel gebracht; diejenigen, die man für geeignet hielt, wurden in den Tempelbereich aufgenommen, die nicht Auserwählten gab man an ihre Familien zurück, wo sie bis zu ihrem vierzehnten Lebensjahr blieben; dann überließ man den Jungen die Wahl, Schreiber oder Krieger zu werden; die Mädchen wurden den Männern des Heiligen Clans vermählt. Für ein Mädchen des geweihten Geschlechts bedeutete es den Tod, sich außerhalb des Clans zu vermählen, und Tod durch Folter für den jungen Mann, der das Mädchen genommen hatte. Sorgfältig wachten sie über das Blut ihres Geschlechts, denn nur Reinheit garantierte die Kraft der Vision.

Die Priesterinnen wurden mit den Priestern vermählt, weil es für die Ziele der Magie unabdingbar war.

Morgan le Fay erzählte weiter, wie sie im Haus der Jungfrauen zur Frau aufgewachsen war, behütet wie eine Bienenkönigin, wohl wissend, daß sie etwas Besonderes war, und daß die Spielregeln und Bindungen des menschlichen Lebens nicht für sie galten; als sie, ein Sproß der Bretonen und Kelten, wiedergeboren wurde, war die Erinnerung geblieben, und keine menschlichen Bande konnten sie halten. Mit der Rückkehr der Kraft der Vision kamen auch die Erinnerung und das vergessene Wissen zurück: Sie war eine Priesterin und ihre Seele barg die Kräfte der Priesterschaft. Aber es gab niemanden, sie zu lehren und ihre Kräfte zu wecken, außer dem Mondpriester, der sich ihr in der Kristallkugel offenbarte, und auch er war nicht von dieser Welt. Schritt für Schritt entwickelte sie sich weiter, belastet durch die Erkenntnis, daß die Mondmagie einen Partner braucht, und Partner waren schwer zu finden. Offenbar war die Seepriesterin eine Art Pythia, und die Götter sprachen durch sie. Als Pythia war sie passiv; sie selbst übte nicht die Magie aus, sondern war nur Werkzeug der Priester.

**SALOME**

# Barbarina Boso
# SALOME, die Priesterin des Todes

Salome, ein wunderschöner Name, (hebr.: die Friedliche). Wer war diese geheimnisvolle junge Frau, deren Geschichte und Schicksal wir schon in der Bibel nachlesen können? (Matthäus 14, 1-12 und Markus 6, 14-29 ).

Salome, dieser Name klingt so weich, so betörend und verheißend. Sie war eine verwöhnte Prinzessin, die Tochter der machthungrigen Herodias, angetrautes Weib des Herodes Antipas, des Tetrarchen von Judäa. Einst hatte Herodes seinem Bruder dessen Weib Herodias abspenstig gemacht. Salome war somit seine Stieftochter. Der Tetrarch vergötterte seine Stieftochter und konnte den Blick nie von ihr lassen. Salome, die schöner war als alle Töchter Judäas! Diese zerstörerische verruchte Priesterin muß unsagbar anziehend gewesen sein, und sie war sich dessen mit Sicherheit bewußt; ihre körperlichen Reize trug sie offen zur Schau. Mag sein, daß sie eine der drei Marien war, die dritte der drei Horae, der heiligen Tempelhuren. Maria Magdalena vielleicht oder Maria vom Tempel?

Diese Huren waren keine gewöhnlichen Prostituierten oder Vergnügungskünstlerinnen, sondern Hohepriesterinnen, die kultische Handlungen vornahmen. Der Tanz der sieben Schleier, den sie vollführten, war heiliges Ritual. Wie schon bei der Göttin Isis, die sieben Gewänder trug, bedeuteten die sieben Schleier der Priesterinnen die sieben Schalen des weltlichen Seins. Indem während des Tanzes diese zarten Schleier abgelegt wurden, sollte ganz zum Schluß das Wahre, das Wirkliche unseres nackten Seins offenbar werden. Die weltlichen Schichten, Täuschungen, Verstrickungen und Irritationen sollten abgelegt werden. Die Tempeltänzerinnen, ihre Rituale und die dazugehörigen Opfergaben sollten befreien von den Lasten der Welt, sollten die Gottheit gnädig und milde stimmen. Man bat um glorreiche Siege in Kriegszeiten, um die Vernichtung des Feindes, um die Beendigung von Naturkatastrophen und Hungersnöten, um Fruchtbarkeit. Die geopferten Männer wurden im Tempel beklagt, aber wir können uns vorstellen, daß sicher auch schreckliche Dinge vorgekommen sind. In der Bibel gibt es ein aufschlußreiches: Kapitel Hesekiel 8, 1-18, Die Greuel des Götzendienstes im Tempel.

Herodes, der seinen Geburtstag beging, wünschte sich, daß Salome für ihn den Tanz der sieben Schleier tanzen möge. Herodias, ihre Mutter, ist dagegen, weiß sie doch, wie sehr Herodes seine Stieftochter mit den Augen verzehren wird. Herodes hatte Johannes ins Gefängnis werfen lassen. Bei Matthäus in der Bibel steht geschrieben, Johannes habe ihn kritisiert, da er, Herodes, seinem Bruder die Frau fortgenommen habe. „Und er hätte ihn gern getötet, fürchtete sich aber vor dem Volk; denn sie hielten ihn für einen Propheten" Johannes hatte den Israeliten die Ankunft des Messias prophezeit. Eine neue glücklichere Zeit sollte anbrechen, frei von Fremdherrschaft, frei von der Machtausübung der Römer. Herodias, das Weib des Herodes, ist am Tode Johannes interessiert, da der Thron ihres Gatten von Rom gestützt wird und somit auch ihr Einfluß.

Der Tetrarch sprach einen heiligen Eid, daß er Salome geben würde, was sie verlangte, Gold, Edelsteine und Geschmeide oder sei es gar die Hälfte seines Königreiches. Angestiftet von ihrer Mutter, verlangte sie das Haupt Johannes des Täufers auf einer Schale. Herodes wollte ihrem Wunsch nicht nachkommen, doch er hatte einen Eid geleistet und alle um den Tisch hatten es gehört. Darum ließ er nach dem Henker schicken, damit er Johannes den Kopf abschlage „und trug sein Haupt herbei auf einer Schale und gab´s dem Mädchen, und das Mädchen gab´s seiner Mutter". Auch bei Markus steht diese ungeheuerliche Handlung sehr trocken und undramatisch. Erwiesen scheint, daß Salome mit dem Tod Johannes zu tun hatte. Die genauen Hintergründe sind nicht geklärt. War sie nun eine blutrünstige, mordlustige Wahnsinnige oder erfüllte sie lediglich ihren Part als Zeremonienmeisterin und Hohepriesterin? War der Tod dieses erwählten Mannes ein rituelles Opfer, dessen Blut neuen Segen über das Land bringen sollte? In einem frühen griechischen Hymnus heißt es, daß das Blut Johannes des Täufers die Mütter und Kinder von Jerusalem betaute, das bedeutet „befruchtete". In den frühen Kulturen war eine Enthauptung die übliche Art des Opfertodes. Zu Herodes Zeiten starben in regelmäßigen Abständen Männer in der Rolle des Gottes und die Tempelhuren sangen ihre Klagelieder und tanzten ihre rituellen Tänze, um das Ritual zu weihen und die Bedeutung dieser Handlung hervorzuheben. Legten sich die schönen Tempelhuren auch ins Bett der jeweiligen Herrscher, um sie für wichtige politische Dinge einzustimmen?

Oder erfüllte Salome nur den heimlichen Wunsch ihrer Mutter, die Angst um ihre Machtstellung hatte?

Die Literatur stellt Salome gleichzeitig als bewundernswerte makellose Schönheit und als verabscheuungswürdiges, sexbesessenes, verruchtes Biest dar. Oh, Salome, mit heutigem Verständnis und Empfinden wärest du eine Mörderin oder zumindest eine Mittäterin! Du hast den Kopf Johannes des Täufers auf einer Silberschale gewollt, und du hast ihn bekommen. Salome, bist du eine Täterin, oder Opfer deiner Triebhaftigkeit?

In der Bibel wie auch in Oscar Wildes Einakter bittet Herodes seine Stieftochter Salome, den Schleiertanz zu tanzen. Salome tanzt, denn sie weiß, Herodes muß sein Wort halten. Hat er ihr doch alles versprochen, alles, was sie will. „Tanze Salome, tanze für mich!" Sie tanzt den Tanz der sieben Schleier, und sie bekommt, was sie will: Johannes' Kopf in einer Silberschüssel. Herodes hat den Henker schweren Herzens angewiesen, in das Gefängnis hinabzusteigen, um den frommen Mann zu köpfen. Bockig, wie ein kleines Kind, hatte sie auf ihrem Wunsch bestanden: „Gib mir den Kopf des Johannes! Gib ihn mir!"

Kann es so gewesen sein? Du grausames Weib? Wir sind abgestoßen und fasziniert.

Stimmt es aber, daß du bei der Geburt des Jesus dabei warst? Hast du als Hebamme das Kind mit auf die Welt gebracht? Auch beim Tod Jesu soll Salome als eine der drei Marien zugegen gewesen sein. So können wir es in der Bibel nachlesen, Markus 15,40: Jesu Kreuzigung und Tod: „Und es waren auch Frauen da, die von ferne zuschauten, unter ihnen Maria........und Salome......,."

Und auch bei Jesu Auferstehung wird wieder Salome genannt.

Hast du dich im Alter gewandelt, Salome? Warst du in deiner Jugend die triebhafte verwöhnte Prinzessin und Hohepriesterin, der man nie

einen Wunsch abschlagen konnte, die von ihrer Mutter Herodias schon zur Grausamkeit erzogen wurde? Haben dich archaische Zwänge in die Rolle der Tempelhure gedrängt?

Mag sein, daß die Enthauptung des essenischen Propheten das Leben Salomes geändert hat. Vielleicht begann sie nachzudenken über die Worte, die Johannes der Täufer vor seinen Tode zu ihr gesprochen hatte!

Sie salbte den Leib Jesu, bevor er ins Grab gelegt wurde! Von seiner Geburt an bis zu seinem Tode muß sie ihn begleitet haben. Immer wieder taucht sie auf in Kapiteln der Bibel. Ist es stets unsere schöne betörende Königstochter?

Das alles sind Spekulationen. Ihre Figur ist so faszinierend, daß immer wieder Künstler, Literaten und Musiker sich mit ihr beschäftigt haben und inspiriert wurden durch die Dualität in einer Person: Heilige Priesterin und narzistische Prinzessin?

Natürlich will uns heute in dieser rationalen Welt die grausame Enthauptung Johannes nicht als heiliges Ritual einleuchten. Die blutigen Praktiken in den Tempeln sind ebenfalls schwer nachvollziehbar für uns.

Symptomatisch ist, wie Salome die männlichen Phantasien über Jahrhunderte angeregt hat. Die laszive, männermordende *femme fatale* mit dem wunderbaren Schoß, der Verderben bringt. Gefährlich, weil todbringend, aber unwiderstehlich! Salome, wer warst du? Es ist so schwer, weibliche Solidarität für dich aufzubringen. Und doch gilt dir so etwas wie Bewunderung. Stark und unbeirrbar wie du warst und vielleicht im Alter geläutert, ragst du heraus als unsterbliche Frau. Wenn wir schon alle im Sumpf des Mittelmaßes versunken sind, wird von dir immer noch gesprochen und gesungen werden! Und Abbilder deines begehrenswerten Leibes, wie die Künstler ihn erschaffen haben, hängen in den Galerien der Welt.

**Mirjam die Jüdin**

# Kurt K. Doberer
# Mirjam die Jüdin, genannt Maria Prophetissa

Im Frühnebel antik-mittelalterlicher Alchemie spielt neben dem Alchemisten Hermes Trismegistos eine zweite weibliche Figur eine große Rolle. Es ist die Alchemistin Maria. Auf Maria die Jüdin berufen sich viele sehr frühe Handschriften. Zitate aus ihren Arbeiten werden von den ältesten Schreibern über Alchemie gegeben. Ihre Ansichten gelten als sachverständig und vorbildlich.

Den Zeitabschnitt, in dem Maria die Jüdin lebte, können wir ebenso schlecht bestimmen wie die Zeit, in der der große Hermes Trismegistos wirkte. Manche nennen sie Mirjam, die Schwester des Moses. Andere halten sie für eine Zeitgenössin des Alchemisten und Juden Theophilos, der von dem „schönen gottgefälligen Stein" spricht, jenem Stein, der zur Lösung des Mysteriums führt. Aber die Zeit des Alchemisten Theophilus ist uns ebenso unbekannt wie die der Alchemistin Maria, so daß damit nichts gewonnen ist. Aus den Lehren Marias - manche heißen sie Maria Prophetissa - wissen wir nur, daß ihr die Philosophie Demokrits unbekannt war. Sie kann vor der Zeit Demokrits gelebt haben, oder auch einige hundert Jahre später zur Zeit Aristoteles´. Dessen philosophisches Denkgebäude paßt besser zu den alchemistischen Ideen Marias - jener Aufbau der Welt aus den vier Elementen: Feuer, Erde, Luft, Wasser.

Alte chaldäische Weisheit mischt sich bei Maria mit den Ideen von Aristoteles zu einer alchemistischen Geheimlehre, die nur für die jüdischen Weisen und Wissenden sein sollte. In ihren Lehren gibt sie die Anweisungen: Du darfst den Stein der Weisen nicht berühren, du bist nicht vom Stamme Abraham.

Die alte chaldäische Lehre, daß die Metalle Mischungen aus Schwefel und Quecksilber seien, die aus der Erfahrungstatsache wuchs, daß aus den meisten Erzen auch Schwefel entwich, wurde erweitert durch die Lehre Aristoteles´, der zu den vier Elementen des Empedokles - Feuer, Erde, Wasser, Luft - noch ein fünftes, den Äther, die geistige Quintessenz gefügt hatte.

Schwefel, der als ein Ausdruck des Feurigen betrachtet wurde, war von Maria als Grundlage ihrer wichtigsten Prozesse genommen worden. Man sprach von jenem Schwefel in geheimnisvollen Wendungen, als von einem Stein der kein Stein ist, ein Stein so häufig, daß ihn jeder sieht und doch keiner kennt. Und Maria die Jüdin, schrieb, daß Gott ihr offenbart habe, Kupfer mit Schwefel zu brennen, um Gold zu erhalten. Man benutzte zur Schwefelerzeugung das Schwefelarsen, das man als Beimischung in den Goldminen fand. Es war natürlich, daß bei solchen Anfangsprodukten auch Gold in den Endprodukten sein mußte.

In Anlehnung an die Quintessenz des Aristoteles lehrte Maria, daß jeder Stoff, jedes Mineral, jedes Erz einen Körper und eine Seele habe. So nannte man bei einer Destillation von Schwefelverbindungen den abziehenden Schwefel die „Seele" und den zurückbleibenden schwärzlichen Rest die „Leiche". Solche Begriffe sind dann zweitausend Jahre in der Alchemie geblieben. Technische Grundlage der alchemistischen Lehren der Jüdin Maria war die Entwicklung des Destillationsapparates. Jenes Gerät, in dem in einer Kugel die Stoffe erhitzt wurden, bis sie Dämpfe, Dünste, Rauch abgaben und in dem dann, durch eine Kühlröhre geleitet, die verflüchtigen Bestandteile in einem zweiten Gefäß wieder niedergeschlagen wurden. Man hatte eine Apparatur, in der man künstlich das Walten der Natur im Schoße der Erde nachahmen konnte. Grenzenlose Entwicklungsmöglichkeiten schienen sich hier zu öffnen. Alchemisten haben immer wieder den Destillationsapparat nicht nur mit dem Schoß der Erde, sondern auch mit dem Mutterschoß verglichen, dadurch andeutend, daß sie nicht nur Umwandlung, sondern auch Neuschaffung in dem Gerät für möglich hielten.

Ein Schritt auf diesem Weg erschien den Zeitgenossen der Alchemistin Maria das Mischen von Feuer und Wasser im Destillationsgerät, das einen neuen dritten Stoff ergab. Die Stelle von "Feuer" nahm in diesem Fall der Schwefel, und die Stelle des „Wassers" nahm Quecksilber ein. Beide zusammen ergaben die „Fixierung des Quecksilbers", den Zinnober. Es erschien wie ein Wunder, eine wahre Neuschöpfung, daß aus einem Stoff, der wie Schwefel sonst alle anderen Stoffe durch seinen Rauch weiß machte, und aus einem silberweißen zweiten Stoff nun ein neues rotes Material entstehen sollte. Da das vorhergehende Zwischenprodukt dieses Prozesses erst ebenso schwarz war wie das Zwischenprodukt in der Goldproduktion aus Goldsand mittels Quecksilber, so schien zwischen dem rotgelben Stoff und rotgelben Gold nur ein kurzer Weg zu sein.

**Maria Magdalena**

# Barbara G. Walker

# Maria Magdalena, die Lichtbringerin und „Frau, die alles wußte"

Die Evangelien berichten, daß Jesus aus der heiligen Hure Maria Magdalena sieben Teufel ausgetrieben habe und ihr nach seiner Wiederauferstehung als erster erschienen sei. (Markus 16,9). Bücher, die christliche Zensoren später aus dem Kanon entfernten, enthielten weitere interessante Details über die Beziehung zwischen den beiden: Jesus liebte Maria Magdalena mehr als alle anderen Apostel, nannte sie „Apostel der Apostel" und „die Frau, die alles wußte", und küßte sie oft. Er sagte, sie würde im kommenden Königreich des Lichts regieren und dort jeden anderen Jünger übertreffen.

Die gnostischen Evangelien waren, bevor sie aus dem Kanon entfernt wurden, genauso wie die synoptischen Evangelien und andere Schriften des Neuen Testaments als das Wort Gottes akzeptiert. Mittelalterliche Bräuche bezüglich Maria Magdalena gründen sich deshalb auf ihre frühe mystische Überlegenheit. Sie wurde Maria Lucifer, „Maria, die Lichtbringerin", genannt. Es war die Rede davon, daß Jesus Lazarus nur aus Liebe zu ihr vom Tode erweckt habe. „Es gab keine Gnade, die Er ihr abschlug, noch irgendein Zeichen der Zuneigung, das Er ihr vorenthielt."

Die *Pistis Sophia* (eine gnostische Schrift des 3. Jahrhunderts) machte Maria Magdalena zur Christus - Befragerin und übernahm dabei die orientalische Art des Katechismus, der sich über die Shakti oder Devi (Göttin) des Gottes an Gott wandte. Die Fragestellerin wurde dabei als „von ganzem Herzen Geliebte" angesprochen. Jesus benutzte dieselbe Anrede. Spätere Befrager vernichteten alle Spuren der Identität der Fragerin, aber seine „von ganzem Herzen Geliebte" war offensichtlich Maria Magdalena.

Origenes zeigte eine mystische Hingabe an Maria Magdalena; er vermengte sie mit der großen Göttin, nannte sie „unser aller Mutter", Jerusalem oder die Kirche (Ecclesia, ein anderer Titel der Jungfrau Maria). Origenes behauptete, daß Maria Magdalena unsterblich sei und vom Anbeginn der Zeit an gelebt habe.

Magdalena heißt „die vom Tempelturm". Der Jerusalemer Tempel hatte drei Türme; sie repräsentieren die dreifache Gottheit, und einer der Türme trug den Namen der Königin, Mariamne, die eine frühe Inkarnation der Göttin Mari war. Dabei handelt es sich um dieselbe Mariamne, Miriam oder Maria, die sich Josef zum Geliebten nahm. Jesus und seine Gefährten wurden offenbar von Priesterinnen dieses Tempels unterstützt; es heißt in Lukas 8, 1-13, daß Jesus und "die Zwölf" von Maria Magdalena und einer Gruppe Frauen finanzielle Unterstützung erhielten. In lateinischen Texten ist die Rede davon, daß die Frauen „ihn" („Jesus") versorgten, aber in griechischen Texten heißt es „sie" (mehrere).

Die sieben „Teufel", die aus Maria Magdalena ausgetrieben wurden, scheinen die von der Göttin Mari geborenen sieben Maskin oder Anunnaki, sumerisch-akkadische Geister der sieben unteren Sphären, gewesen zu sein. Diese Mehrlingsgeburt wurde in Maris heiligen Dramen dargestellt, und daraus entstand vielleicht das angebliche Auftauchen der sieben „Teufel" aus Maria Magdalena. Auf einer akkadischen Schreibtafel wurde von ihnen gesagt: „Sie sind sieben! In den Tiefen des Ozeans, sie sind sieben! Im Glanze des Himmels, sie sind sieben! Sie kommen aus den Tiefen des Ozeans (Maria), aus dem verborgenen Schlupfwinkel."

Es heißt in den Evangelien, niemand außer Maria Magdalena und ihren Frauen hätten Jesu Grab ausgesucht. Frauen allein verkündeten Jesu Auferstehung. Männer hatten keinen Zugang zu den zentralen Mysterien der Großen Göttin. Den erfolgreichen Abschluß der Riten und die Auferstehung des Heilands gaben Priesterinnen bekannt. Die Bibel spricht davon, daß die männlichen Apostel nichts von der Auferstehung Jesu gewußt hätten und sich auf das Wort der Frauen verlassen mußten (Lukas 243, 10f.). Die Apostel kannten sich mit den heiligen Traditionen nicht aus und erkannten noch nicht einmal , daß eine Auferstehung zu erwarten war: „Sie wußten noch nicht aus der Schrift, daß er von den Toten auferstehen mußte." (Johannes 20,9).

Mari-Ishtar, die Große Hure, salbte . oder *christ - ete* - ihren zum Tode verurteilten Gott, bevor er sich in die Unterwelt begab, aus der er auf ihr Geheiß wieder auftauchen würde. Das heißt, sie machte ihn zu einem Christus, einem Gesalbten. Wenn er den heiligen Opfertod gestorben war, stimmten Priesterinnen die Wehklagen um ihn an. Im Gilgamesh-Epos wurde Opfern mitgeteilt: „Die Hure, die dich mit wohlriechendem Öl salbte, wird jetzt um dich klagen." Die Tempelfrauen von Jerusalem erhoben dasselbe Wehklagen für Tammuz (Ezechiel 8, 14), mit dem Jesus gleichgesetzt wurde. Jesus selbst sagte, Maria Magdalena habe ihn, als sie in der altehrwürdigen Art der Krönung des heiligen Königs eine kostbare Salbe über seinem Kopf vergoß (Matthäus 26, 7-12), für sein Begräbnis gesalbt. Die Vase mit heiligen Öl war in der christlichen Kunst das allgegenwärtige Symbol von Maria Magdalena - obwohl auch die Jungfrau Maria den Titel „Heilige Vase" trug.

Jungfrau und Hure waren während des Mittelalters ständig wechselnde Attribute; die Jungfrau Maria war immer eine spezielle Beschützerin der Prostituierten. Ein christlicher magischer Ring, der sich jetzt im Londoner Museum befindet, trägt die Inschrift: „Heilige Maria Magdalena, bitte für mich."

Papst Julius II. ließ durch eine päpstliche Bulle in Rom ein "Heiliges Bordell" einrichten, das unter seinen Nachfolgern Leo X. und Clement VII. florierte. Die Einkünfte aus diesem Bordell dienten zur Unterstützung der heiligen Schwestern des Ordens von St. Maria Magdalena; das deutet darauf hin, daß die heiligen Schwestern und die *magdalenas* (Huren) ein und dieselben waren. Papst Innonenz III. begünstigte ebenfalls die römische *collegia* der Prostituierten, der sogenannten *virgines*, „unverheiratete Frauen". Er verkündete öffentlich, daß jeder Mann, der eine von ihnen heiratete, im Himmel besonders gepriesen würde.

In die spätere Geschichte von Maria Magdalena gingen viele christliche Phantasiegebilde ein. Es heißt, sie habe eine Zeitlang mit der Jungfrau Maria in Ephesus gelebt. Diese Geschichte entstand vielleicht aus der Verbindung des Namens Maria mit der ephesischen Großen Göttin. Maria Magdalena soll später nach Marseille gegangen sein, einer weiteren Stadt, die nach der alten Meer-Mutter benannt ist. Hier lag das Zentrum ihres Kults. In Vézelay gefundene Knochen wurden zu den ihren erklärt. Sie lebte in einer Höhle bei St. Baume (heiliger Baum), die früher den Heiden heilig gewesen war. Dort verbrachte sie

NEDESP
ETIS
UOSQUI
PECCRE
SOLETIS
EXEMPLU
OS MEU
UOS PENI
TETE DE
O

41

dreißig Jahre ohne Essen und Trinken; ihre einzige Nahrung war der süße Gesang der Engel, eine „herrliche Mahlzeit", die sie jeden Tag durch ihre Ohren aufnahm. Über ihrer Grotte wurde eine Kirche erbaut. Die Weinbauern der Gegend bringen ihr für eine gute Weinlese auch heutzutage noch Kerzen dar, als würde sich die alte Fruchtbarkeitsgöttin wie eh und je an dieser Stelle aufhalten.

Die heilige Martha begleitete Maria in die Provence und vollbrachte dort einige Wunder. Als sie einem Drachen namens Tarque (die keltische Gottheit Taranis) begegnete, tötete Martha ihn, indem sie ihn an ihrem Gürtel erhängte und ihm Weihwasser über den Kopf goß. Die auf alten Bildern dargestellte zweifache Göttin mit ihrer Großen Schlange scheint in Maria und Martha umbenannt worden zu sein. Häufiger erschien Maria aber als die typische weibliche Dreiheit, die Geburt, Liebe und Tod beherrscht. Sie war als heilige Maria an der Wiege die Hebamme (oder Geburtsgöttin) bei der Geburt Jesu. Als Hure und Bestattungspriesterin wurde sie mit Sexualität und Tod in Verbindung gebracht. Und schließlich gab es die gnostische Hypothese, daß sie der ursprüngliche „Papst", die Gründerin der christlichen Kirche, gewesen sei. Das entsprach der orientalischen Vorstellung, daß spirituelle Autorität von Mann zu Frau und umgekehrt weitergegeben werden müsse. Es hieß teilweise auch, sie habe den Evangelisten Johannes geheiratet. Sie wurden im 12. Jahrhundert gemeinsam in einer Mailänder Doppelkathedrale verehrt, Die Kathedrale, die auch Sancta Dei Genetrix (Heilige Mutter Gottes) genannt wurde, bauten und verwalteten die Mönche von St. Johannes gemeinsam mit den *virgines* von St. Maria Maggiore. Die androgyne Kathedrale wurde 1943 - 1944 ausgegraben, aber ihre Entdeckung wurde geheimgehalten.

Ein Dianatempel wurde im 13. Jahrhundert Maria Magdalena geweiht. Zu Ostern wurde die Geschichte von ihrer Bekehrung der Herrscher Marseilles am Altar gesungen. Später wurde das heilige Lied unterdrückt. Noch später durften die Anhänger Marias nicht einmal mehr de Messe lesen. 1781 riß man den Magdalenentempel ab.

# Thekla - Die Apostolin

**Alban Stolz**

# Thekla, Apostolin und Erzmärtyrerin aus Konya (Ikonium)

Die heilige Thekla zeichnete sich aus durch ungemeine Geistesgaben und Kenntnisse. Sie war verlobt mit einem jungen Manne, welcher alle Eigenschaften besaß, die das Herz eines jungen Mädchens gewinnen können; er war sehr schön, jung, von einer der angesehensten reichsten Familien des Landes (Ikonia) und hatte einen edlen menschenfreundlichen Charakter. Da hatte sie aber das Glück, den Apostel Paulus predigen zu hören, und seine Predigt entzündete alsbald in ihrem Herzen die Liebe zur ewigen Jungfrauschaft. Da ihre Eltern erfuhren, daß sie nicht mehr heiraten wolle, machten sie ihr harte Vorwürfe; die Mutter forderte die Verehelichung als Pflicht des kindlichen Gehorsams, der Bräutigam beschwor sie mit den ergebensten Beteuerungen, die Verwandten redeten ihr zu mit Schmeichelworten, die Dienstboten flehten sie unter Tränen an, und selbst die Richter suchten sie einzuschüchtern mit Androhung von Strafen, wenn sie von ihrer Verlobung zurücktreten würde. Allein gestärkt von der Gnade, erwies sich die gottselige Jungfrau unüberwindlich gegen alle diese Zumutungen.

Sobald sich Thekla losmachen konnte, suchte sie wieder den Apostel Paulus auf, um seine ferneren Reden zu hören. Sie verließ die Mutter, das Haus voller Reichtümer, den Glanz ihrer Familie, die Gesellschaft ihrer Gespielinnen, das Vaterland mit allen Reizen, wodurch der Satan sie zu fesseln versuchte, und dachte nur daran, Jesus Christus zu finden und von ihm geliebt zu werden. Auf dem Weg aber holte sie ihr früherer Bräutigam ein und führte sie gewaltsam zurück. Durch die Standhaftigkeit, womit sie die Verehelichung verweigerte, kam es zuletzt so weit, daß sie als Christin angeklagt und verurteilt wurde, den wilden Tieren vorgeworfen zu werden.

Der hl. Ambrosius schreibt in seinem Buche von der Jungfrauschaft folgendes: „Thekla zeigt, wie man sich opfern müsse, welche das hochzeitliche Band fliehend, durch die Wut des Verlobten verurteilt, selbst der wilden Tiere Natur durch die Ehrfurcht vor der Jungfrauschaft umgewandelt hat. Da konnte man den Löwen sehen, wie er sich zu Boden warf, ihr die Füße leckte und dadurch gleichsam bekannte, daß er den geweihten Leib der Jungfrau nicht verletzen könne. Das wilde Tier verehrte seine Beute und der eigenen Natur vergessend, nahm es die Natur (Menschlichkeit) an, welches die Menschen aufgegeben hatten. Da konnte man in einer gewissen Verkehrtheit der Natur Menschen sehen, welche Wildheit angenommen und dem Raubtier Grausamkeit zumuteten; und das Tier sehen, wie es die Füße der Jungfrau küßte und dadurch lehrte, was die Menschen tun sollten. Soviel Bewunderungswürdiges hat die Jungfrauschaft an sich, daß selbst Löwen sie bewundern. Hungrig lockte sie (die Löwen) nicht die Speise, gehetzt riß sie nicht die Heftigkeit fort, gereizt erhitzte sie nicht der Zorn, ans Blut gewöhnt zog sie nicht die alte Übung, wild beherrschte sie nicht ihre Natur. Sie predigten Religion, indem sie die Märtyrerin ehrten; sie predigten auch Keuschheit, indem sie der Jungfrau nichts anderes küßten als die Fußsohlen und mit zur Erde gesenkten Augen gleichsam selbst als Tier Scheu trugen, die Jungfrau nackt anzusehen."

Man machte auch den Versuch, der hl. Thekla durch Feuer das Leben zu nehmen; allein derselbe Herr, welcher die treue Jungfrau gegen die wilden Tiere geschützt hatte, schützte sie auch gegen die Gewalt der Flammen. Thekla stieg unverletzt vom Scheiterhaufen herab und entging mit der Hilfe Gottes sowohl den ferneren Verfolgungen ihres Bräutigams als auch den noch grausameren ihres Vaters. Obschon man nicht ganz gewiß weiß, ob die hl. Thekla zuletzt eines natürlichen Todes gestorben ist, oder ihr doch noch für den Glauben gewaltsam das Leben genommen wurde, so wird sie doch unter den Märtyrern, und zwar als die erste Märtyrerin ihres Geschlechts, gepriesen; denn mit Recht hat man im Altertum diejenigen den Märtyrern beigezählt, welche für den Glauben den Martern sich unterzogen haben, aber durch die besondere Hilfe Gottes dabei unverletzt geblieben sind. Gott ist nämlich Geist und sieht auf den Geist und die Gesinnung; vor ihm sind daher alle Märtyrer, die bewiesen, daß sie die Gesinnung, den Glauben, die Treue und Starkmut des Märtyrers haben, wie Thekla gezeigt.

Thekla starb in Isaurien und wurde in Seleucia, der Hauptstadt des Landes, begraben. Über ihrem Grabe wurde eine Kirche gebaut, die ihren Namen trug, und wegen der Wunder, die dort geschahen, wallfahrteten Pilger von allen Gegenden dorthin. Basilius, welcher Bischof von Seleucia im 5. Jahrhundert war, erzählt viele Wunder, die auf Fürbitte der hl. Thekla geschehen sind, und schreibt überhaupt in dieser Beziehung: „Unter den Heiligen ist ausgezeichnet die Märtyrerin Thekla; sie ist immer gewärtig, immer bereit für die Flehenden, erhört sie, beachtet jederzeit alle wohlwollend, Gesunde und Kranke, Fröhliche und Trau rige, die zu Wasser oder zu Land kommen, die in Gefahr sind oder außer Gefahr, Häuser, Familien, Städte, Völker, Ausländer und Landsleute, Einwohner und Fremde, Männer und Weiber, Herren, Diener, Alte, Junge, Reiche, Arme, Vorgesetzte, Privatleute, Soldaten, Beamte. Kurz, gegen jede Gattung von Menschen erweist sie jede Art von wunderbarer Hilfe. Wie sie über Lasterhaftigkeit und Ruchlose Züchtigung bringt, so hört sie nicht auf, für die Frommen Sorge zu tragen."

# Anne Jensen
## Thekla, die Apostolin

Können Sie sich vorstellen, daß die katholische Kirche den „Erzmartyrer" (=Erstmartyrer) Stephanus, der nach der alten römischen Tradition am 26. Dezember, also am zweiten Weihnachtstag gefeiert wird, aus ihrem Kalender streicht? Mit der Frau, die in der frühen Christenheit unter diesem Titel verehrt wurde und die auch heute noch in der Ostkirche als „Erstmartyrin und Apostelgleiche" gefeiert wird, hat sie es jedoch getan: Der Name Thekla verschwand nach dem Zweiten Vatikanischen Konzil aus Meßbuch und Martyrologium. Die Anfänge dieser langen Geschichte einer Verdrängung, die mit dem buchstäblichen Streichen ihres Namens aus dem Gedächtnis der römischen Kirche endete, sollen hier erzählt werden.

Als ich anfing, mich mit der Gestalt der Thekla zu beschäftigen, überraschte mich, daß es gerade das auf Erneuerung und Modernisierung der Kirche bedachte Zweite Vatikanum gewesen sein sollte, das die größte weibliche Heiligengestalt der christlichen Frühzeit hatte verschwinden lassen. Ich wollte die Väter der Synode und die nachkonziliaren Reformer nicht vorschnell des Antifeminismus verdächtigen. So schrieb ich nach Rom, um die Gründe der Streichung aus dem Heiligenkalender durch die Kommission, die mit der Liturgiereform beauftragt war, zu erfahren. Leider erfuhr ich sie nicht! Thekla sei ohne Angabe von Gründen gestrichen worden, teilte man mir mit, aber sie lägen ja ohnehin auf der Hand. Wenn es auch „offensichtlich eine Thekla dieser Art (welcher?) gegeben habe, so sei doch alles viel zu unsicher, als daß man darauf ein Fest der Gesamtkirche begründen könne".

Der Relator der Kongregation für die Heiligsprechungsprozesse ging allerdings noch einen Schritt weiter; er ergänzte nämlich die offizielle Auskunft durch eine persönliche Stellungnahme zu der Schrift, die von Thekla berichtet: „Meiner Meinung nach handelt es sich bei diesem Roman um ein Schriftwerk, das im Grunde die Syneisaktenpraxis gewisser heruntergekommener Asketen rechtfertigen wollte, in dem sie (sic!) zumindest Ähnliches dem hl. Paulus unterschob. Nun wird nicht jeder mit dem Wort „Syneisaktenpraxis" etwas anzufangen wissen. Es handelt sich um das eheähnliche Zusammenleben einer Asketin und eines Asketen (auch „Geistliche Ehe" genannt), von dem wir aus vielen frühchristlichen Quellen wissen, einer sexual - aber keineswegs erotikfreien Lebensgemeinschaft also - zum großen Ärgernis antiker wie neuzeitlicher Kommentatoren!

Hatte Paulus eine Freundin? Am Ende gar eine Geliebte? In der Tat heißt es in besagter Schrift: „Da nahm Paulus Thekla zu sich"- ein Satz, der an die Mahnung des Engels an Josef erinnert: „Fürchte dich nicht, Maria, deine Frau, zu dir zu nehmen" (Matthäust 1,20). Und wahr ist, daß die genannten „Syneisakten" sich später auf Paulus und Thekla beriefen, um die Unverdächtigkeit ihrer Beziehung und ihrer Legitimität unter Beweis zu stellen. Doch was ist das überhaupt für eine Schrift, in der diese unglaubliche Geschichte erzählt wird? Es sind die sogenannten „Taten des Paulus", in der theologischen Literatur meist als „Paulusakten" bezeichnet.

Eine kleine Erläuterung zum Begriff „Akten": Der uns geläufige Titel *Apostelgeschichte* für die im Neuen Testament überlieferte zweite Schrift des Lukas heißt im Lateinischen *Acta Apostolorum*. „Apostelakten" ist also eine Eindeutschung des lateinischen Begriffs, Apostelgeschichte" dagegen eine sinngemäße Übersetzung. Das griechische Wort für *acta ist práxeis*, wörtlich „Taten". Diese Übersetzung ist eigentlich die angemessenste, denn Ziel dieser Schriften - der kanonischen wie der außerkanonischen - ist es, die „Heldentaten" der Apostel zu beschreiben. Von der Wortbedeutung her gibt es keinerlei Grund, zwischen der (kanonischen) Apostel*geschichte* und den außerkanonischen Apostel*akten* zu differenzieren.

Wenn der römische Relator sie als „Roman" bezeichnet, so hat er damit nicht so ganz unrecht. Die Paulusakten gehören zu einer Sammlung sogenannter *apokrypher* (wörtlich: „geheimer", „verborgener") Schriften vom Ende des 2., Anfang des 3. Jahrhunderts, die einerseits die literarischen Genera des Neuen Testaments (Evangelien, Apostelgeschichten, Apostelbriefe) imitieren, sich aber zugleich auch an die antiken Vorbilder von Abenteuer - und Liebesromanen anlehnen. Eine Art frühchristlicher Trivialliteratur, vor allem zur Erbauung, aber auch zur Unterhaltung geschrieben! Die Bezeichnung „apokryph" war

zunächst nicht abwertend, sondern unterschied diese Stoffe von den *anaginoskoména* (den „gelesenen"), das heißt, den öffentlich im Gottesdienst gelesenen Schriften. Solange die Kanonfrage in der frühen Kirche noch offen war, wurden gerade die Paulusakten vielerorts wie ein Buch der Schrift behandelt.

Später wurde streng zwischen „kanonischen" (d.h. zum Kanon des Neuen Testaments gehörigen Büchern) und „apokryphen" Schriften unterschieden, und man verstand darunter zunehmend „Geheimbücher" der „Häretiker". Insbesondere im Westen setzte sich die Tendenz durch, „apokryphe" Schriften als „häretische" Schriften anzusehen und grundsätzlich zu verwerfen, während man sie im Osten als „Tradition" neben der Schrift anerkannte. In der Neuzeit hat das reformatorische „*Sola-scriptura*" - Prinzip" („die Schrift allein") weiter zur Diskreditierung aller „Apokryphen" geführt, die man besser wertneutral als außerkanonische Literatur bezeichnen sollte.....

Unstrittig ist jedenfalls, daß die genannten Apostelgeschichten sicher nicht einfach das Produkt der Erfindungsgabe der jeweiligen Verfasser oder Verfasserinnen sind, sondern daß diese bereits im Umlauf befindliche Traditionen und Legenden aufgegriffen und *ad maiorem gloriam* des jeweiligen Apostelhelden in einer romanhaften Erzählung zusammengefaßt haben. Diese Einsicht läßt es nicht nur statthaft erscheinen, einzelne Episoden aus der Gesamterzählung herauszulösen und gesondert zu untersuchen, sondern dies ist geradezu eine methodische Notwendigkeit, wenn man dem jeweiligen Sitz im Leben einer bestimmten Tradition auf die Spur kommen will.

# Hohe Priesterinnen in Geschichte und Gegenwart

Die heilige Hildegard.　　　(L. Seitz.)

# Hildegard von Bingen

Die heilige Walburga.　(L. Seitz.)

# Walburga

## Wolfgang Bauer und Irmtraud Dümotz
# Hildegard von Bingen und Walburga, die Heiligen, die eigentlich keine sind.

Die Äbtissin des Klosters von Bingen am Rhein (als zehntes Kind einer edlelfreien Familie 1o98 geboren, gestorben 1179) gehört zu den illuminierteren Gestalten eines ansonsten recht „dunklen" Jahrhunderts. Ihre für orthodox-kirchliche Augen schwer einzuordnenden Visionen, in denen sie immer wieder den von göttlicher Weisheit erfüllten Menschen beschwört, dem die Geheimnisse des Mikro- und Makrokosmos ein offenes Buch sind, ihre großen Fähigkeiten als kräuterkundige Ärztin und Wunderheilerin, ihre unorthodoxe Art und ihr soziales Engagement - sie schrieb sehr offen über die sexuellen Beziehungen von Mann und Frau und nahm männliche Kranke in ihr Kloster auf - brachten ihr und ihrem Konvent für längere Zeit einen Kirchenbann ein.

Ihre intensive Briefkorrespondenz mit Päpsten, Kaisern, Königen und hohen Würdenträgern wie dem Abt Bernhard von Clairvaux mag Schlimmeres verhütet haben.

In ihr - wie öfters angedeutet wird - eine weise Frau von hohem Rang zu sehen, die sich - als Klosterfrau getarnt - vor Verfolgungen schützte, wäre zwar der handfesten und humorvollen Hildegard ohne weiteres zuzutrauen, scheint aber alles in allem doch eine zu phantastische Idee zu sein.

Allerdings: Als „einfache" Hexe hätte sie nicht den „Vervielfältigungsapparat" der Kirche zur Hand gehabt. Hildegard verschliß zur Niederschrift ihres sehr umfangreichen Werks immerhin den Mönch Vollmer und eine ihm assistierende „Lieblings"-Nonne für fast deren gesamte Lebenszeit.

Daß sich Hildegard bei ihren „Fahrten" in die andere Wirklichkeit - bei ihrer ausgesprochen wissenschaftlichen Kenntnis der Pflanzenwelt - nicht, zumindest anfänglich bis zur Entwicklung ihres dritten Auges, der üblichen pflanzenchemischen Drogen bedient haben soll, erscheint wenig glaubhaft. Zu sehr feierte die Seherin gerade das Grün als die alles in dieser Welt durchdringende Kraft. Die Öffnung ihres dritten Auges beschrieb Hildegard sehr anschaulich:

„Im Jahre 1141 der Menschwerdung des Sohnes Gottes, Jesu Christi, als ich zweiundvierzig Jahre und sieben Monate alt war, kam ein feuriges Licht mit Blitzleuchten vom offenen Himmel hernieder. Es durchströmte mir Herz und Brust gleich einer Flamme, die jedoch nicht brannte, sondern wärmte, wie die Sonne den Gegenstand erwärmt, über den sie ihre Strahlen ergießt. Nun war mir plötzlich der Sinn der Schriften erschlossen, des Psalteriums, des Evangeliums und der übrigen katholischen Bücher des Alten und Neuen Testaments..."

Seit ihrem fünften Lebensjahr hatte sie bereits die „innere Schau", und sie entwickelte die seltene Gabe, „beidhemisphärig" zu sehen, das heißt, sie konnte - trotz ihrer Verrücktheit - auch der „normalen" Realitätsebene gerecht werden. Schon eine andere vor Hildegard lebende heiliggesprochene Benediktinernonne trägt Züge, die die Phantasie des Volkes ungemein beschäftigen: die heilige Walburga (gestorben 778 als Äbtissin des Klosters Heidenheim bei Eichstätt).

Walburga, von dem Wort „Walburg" stammend: Bergerin der Gefallenen. In ihr - trotz ihrer christlichen Gewandung als Nonne - eine Walküre oder Schlachtenjungfrau zu sehen, paßt zumindest im übertragenen Sinn: war sie doch eine englische Fürstentochter, und Fürstentöchter wurden nach der germanischen Mythologie noch zu Lebzeiten unter die Walküren aufgenommen. Ihre Heiligsprechung an einem 1. Mai macht sie in der christlichen Legende zur „Beschützerin vor Zauberei". Da ihr dieselbe Überlieferung in diesem Sinne auch zugesteht, Macht über das Getümmel der Hexen und Geister der Walpurgisnacht zu haben, sahen schon die sie mystifizierenden Legendenschreiber ihrer Zeit sie auch als Herrin der Hexen und Geister.

Dieser Sicht folgt, wenn auch über die Jahrhunderte etwas verdreht, eine bischöflich genehmigte Darstellung des Lebens der Heiligen: „Die Nacht vor dem 1.Mai aber ist die Walpurgisnacht, wo sich nach dem alten Volksglauben Hexen und Geister noch einmal tummeln dürfen, bis sie vor dem Anbruch des Tages zurückweichen müssen in die ewige Finsternis. Im symbolischen Bilde der Walpurgisnacht und des Walpurgistages spiegelt sich noch einmal das Erscheinen der gottgeweihten Jungfrauen (wie Walburga) in den germanischen Wäldern. Wohin sie kamen, wichen die Wodanspriester, die Kobolde und Nachtmahre zurück, die heiligen Haine mit den Opfersteinen und Tierschädeln verschwanden, aus Sumpf und Bruch wurde Ackerland, licht wurden die Urwälder und licht die vom Aberglauben umdüsterten Menschenseelen."

Konnte der berühmte Magier des 16. Jahrhunderts, Johann Trithemius, die größte Magierin des 12. Jahrhunderts auch nicht - soweit offiziell bekannt - von Angesicht zu Angesicht treffen, so ließ er es sich doch nicht nehmen, wenigstens ihren Gebeinen seine Aufwartung zu machen, als 1498 feierlich Hildegards Sarg geöffnet wurde. Nekromant, der er war, wußte er sogar offenbar noch den Nutzen und die magische Kraft eines ihrer Armknochen zu schätzen:" Anno 1498 ist der Sarg der hl. Hildegard geöffnet worden und mit größter ehrerbietung von etlichen dazu geordneten in beysein des ganzen Konvents. Hierdurch war auch der Abt von Sponheim Johannes Trithemius, welcher durch bitt von der äbtissin und konvent erlangt einen arm von den reliquien der hl. Hildegard, welches heiligtum er in eine schöne tafel lassen einfassen und so in seinem kloster ehrlich verwahrt."

Anmerkung der Herausgeberin:

Die Hl. Hildegard wurde zwar vom Volk, aber nie von der Kirche heiliggesprochen. Das hinderte aber weder Klöster noch sonstige kirchliche Institutionen, das Jubiläumsjahr zur 9oo-Jahrfeier ihres Geburtsjahres eifrig mitzuzelebrieren.

**Sor Juana Ines de la Cruz**

Barbarina Boso

# Sor Juana Ines de la Cruz, die gehorsame Ungehorsame - die geliebte Ungeliebte

Wer war sie, Sor Juana Ines de La Cruz?

Schwester Juana, eine intellektuelle, bildschöne, mexikanische Nonne. Sie lebte, liebte und litt im 17. Jahrhundert. War sie eine begnadete Dichterin und Poetin, eine Kämpferin für Frauenrechte, verehrte Priesterin und Freundin der Mächtigen von Mexiko?

All das war sie, aber sie war gewiß keine Heilige, sondern eine Frau, die wußte, was sie wollte, sich aber den Zwängen ihres Jahrhunderts beugen mußte. Ihr Beichtvater, der Jesuit Antonio Nuñez de Miranda, war froh, daß sie den Schleier genommen hatte. Er pflegte zu sagen, Gott hätte Mexiko keine größere Geißel bescheren können, als wenn er Sor Juana in der Öffentlichkeit der Welt belassen hätte. Juana Ines war ~"von nicht geringer Schönheit" und die „Einzigartikeit ihrer Gelehrsamkeit" zog viele in ihren Bann.

Juana Ines Ramirez de Asbaje wurde 1648 in San Miguel Nepantla, einem Kolonistengehöft an den Hängen des Popocatepetl, geboren:

*Ich kam zur Welt, wo die Sonnenstrahlen unverwandt*
*mich anschauen würden, festen*
*Blicks, nicht nur blinzelnd wie anderswo.*

Ihre Mutter, die Kreolin Doña Isabel Ramirez, stammte aus Andalusien. Sie brachte sechs uneheliche Kinder zur Welt, davon waren drei von Pedro Manuel de Asbaje, der auch Juana Ines' Vater war. Über ihn ist nichts bekannt, nur, daß er ein baskischer Caballero war und Isabel Ramirez verließ, als Juana Ines noch ein kleines Mädchen war.

Schon früh fielen Juana Ines´ Wißbegier und ihr Lernwille auf. Bereits mit drei Jahren wollte sie lesen und schreiben lernen. Mit viel List erreichte sie, daß die Lehrerin ihrer Schwestern auch sie unterrichtete. Auf Käse verzichtete sie, weil sie gehört hatte, daß er dumm machen solle. Bereits mit sechs oder sieben Jahren konnte sie lesen und schreiben und bat ihre Mutter, sie in Männerkleidung auf die Universität zu schicken, jedoch durfte sie anscheinend völlig ungehindert die Bibliothek ihres Großvaters benutzen. Dort hielt sie sich dann auch die meiste Zeit auf, studierte und las. Juana Ines konnte eine andere Welt betreten, eine literarische und wissenschaftliche Welt. Es war nicht die Welt ihrer Mutter und Schwestern, denn die Literatur und die Wissenschaften waren eine männliche Domäne. Vielleicht hat das Auftauchen eines neuen Mannes im Leben ihrer Mutter sie tief getroffen. Wir wissen es nicht. Ihren Vater erwähnte sie nie, und auch später sprach sie nur indirekt von ihm im Zusammenhang mit ihrer baskischen Abstammung.

Ein großer Einbruch in ihrem Leben war der Tod ihres Großvaters. Er starb, als sie erst acht Jahre alt war. Eine Tante mütterlicherseits und deren wohlhabender Mann nahmen Juana Ines in Mexiko auf. Warum wurde sie fortgeschickt? War sie ihrer Mutter im Wege, die vom neuen Liebhaber einen ersten Sohn bekam? Vielleicht hatte Juana Ines es gut gehabt bei den Verwandten, den de Matas. Aber sie war eben doch nur eine Aufgenommene, eine Geduldete, die nur im Lernen und Studieren Trost und Halt fand.

Im Jahre 1664 traf ein neuer Vizekönig in Mexiko ein, Don Antonio Sebastian de Toledo, Marqués de Mancera, und seine Gemahlin Doña Leonor Carreto, Marquesa de Mancera. Juana Ines war inzwischen zu einer beachteten Schönheit herangewachsen. Doch was sollte aus ihr werden? Die de Matas, bei denen sie acht Jahre gelebt hat, brachten das junge Mädchen im Palast unter, um der Vizekönigin „zu Diensten zu sein". Dona Leonor war sofort von diesem anmutigen, klugen Mädchen angetan und war bereit, sie zu protegieren.

Mit Sicherheit ist Juana Ines im luxuriösen Hofleben eine Besonderheit gewesen, aber gerade als ihre Intelligenz, ihr immenses Wissen die Bewunderung der Gelehrten und Höflinge hervorrief, als sie umschwärmt wurde wegen ihrer außerordentlichen Schönheit, trat sie im Alter von neunzehn Jahren als Novizin ins Kloster San Jose ein, dem Orden der Unbeschuhten Karmeliterinnen. Aber die Härte der Ordensregeln konnte und wollte sie nicht ertragen. Nach drei Monaten gab sie wieder auf. Sie muß viel gezweifelt haben, und wer mag ihr zugeredet haben, dann doch den Schleier zu nehmen? Ihr zukünftiger Beichtvater Nuñez de Miranda?

Kurz vor ihrem einundzwanzigsten Geburtstag im Jahre 1669 trat sie in das Kloster San Jeronimo ein. Natürlich will die katholische Welt glauben, daß Juana Ines ihr Gelübde aus wahrer Berufung abgelegt hat. Jedoch weist nichts in ihrem früheren Leben auf eine besondere religiöse Neigung hin. Während der Jahre als Hofdame der Vizekönigin glänzte sie nicht durch Frömmigkeit, sondern erregte Aufsehen durch ihre Bildung und ihren Geist, gepaart mit einzigartiger Schönheit. Nun schloß sie sich in Klostermauern ein! Was hätte aus ihr werden können, denken wir!

Aber Juana Ines lebte im 17. Jahrhundert! Welche Perspektiven hatte sie denn? Heiraten wollte sie nicht, einen Beruf konnte sie trotz ihres Wissens nicht erlernen, die Universitäten waren den Frauen verschlossen. Frauen wählten damals den Schleier, nicht nur um Gott zu dienen, sondern um versorgt zu sein, das war normal. Die Klosterzelle, ein Fluchtort für eine junge Frau, die ganz allein stand auf der Welt. Das erschien angemessen und schicklich. In San Jeronimo konnte sie Zuflucht finden bei ihren Büchern, konnte dichten und Studien betreiben. Nicht nur beten und singen wollte sie, nicht ausschließlich Gott dienen, sondern allein sein mit ihren Büchern, das war ihr Wunsch.

Allein sein sollte jedoch keinesfalls nur Einsamkeit oder Isolation bedeuten, denn Sor Juana brauchte den Kontakt mit der Außenwelt. Intellektueller Gedankenaustausch und literarische Gespräche waren ihr Elixier.

Das Kloster San Jerónimo war bekannt für seine milden Regeln, und jede Nonne hatte in dem riesigen Gebäude eine recht komfortable Wohnung. Es gehörten sogar eine Küche und ein Baderaum dazu. Zudem hatte jede Nonne auch mehrere Dienerinnen. Sor Juana konnte sich also ohne Platzprobleme eine umfangreiche Bibliothek zulegen. Die Besuche der anderen Ordensschwestern in ihren Räumen empfand sie oft als störend, den Messen, liturgischen Verrichtungen und den sieben Stundengebeten konnte sie sich allerdings nicht entziehen. Schreiben wollte sie, korrespondieren mit der ganzen Welt. Eine starke Sehnsucht, ja Gier befiel sie, alles kennenzulernen und bekannt zu werden.

Der Sprechsaal des Klosters wurde zum literarischen Salon. Dort empfing Sor Juana ihre Freunde, Doña Leonor, die Vizekönigin, gehörte dazu. Bis zum Tode Leonors blieben die beiden Frauen einander in tiefer Zuneigung verbunden. Viele Liebesgedichte sind der Vizekönigin gewidmet:

*Sterben soll meine Leier, auf der jeder*
*Klang als klagendes Echo nach dir schreit;*
*selbst diese Schmierblattkleckse sollen heut*
*schwarze Tränen sein, Tropfen meiner Trauerfeder.*

Bei den Zusammenkünften im Sprechsaal des Klosters muß auch oft Manuel Fernandéz de Santa Cruz zugegen gewesen sein. Er kam 1673 nach Neuspanien und wurde als Bischof nach Guadalajara gesandt. Mit Sicherheit waren Sor Juana und der Bischof befreundet. 1690 errinnerte er sich, wie er vor vielen Jahren ihre Hand geküßt hatte und seitdem eine „Liebe zu ihrer Seele verspüre, die weder Zeit noch Entfernung haben erkalten lassen". Sor Juana genoß bis kurz vor ihrem Tode den Schutz von einflußreichen Persönlichkeiten.

Als ein neuer Vizekönig, Fray Payo, eingesetzt wurde - er war auch gleichzeitig Erzbischof - konnte Juana Ines auch auf seine Loyalität bauen. Stets verteidigte er Sor Juana gegen Angriffe. Einst beklagte sich eine Oberin von San Jerónimo, daß Sor Juana auf eine Bemerkung von ihr geantwortet habe: „Schweigen Sie Mutter, Sie sind dumm." An den Rand der Beschwerde schrieb der erzbischöfliche Vizekönig: „Beweisen Sie das Gegenteil, und es soll Ihnen Gerechtigkeit geschehen."

Das dichterische Wirken von Sor Juana zu datieren ist schwierig. Die handgeschriebenen Originale sind verlorengegangen. Ihr Stil ist vielschichtig und vielseitig. So erging sie sich auch in höfischen Huldigungen, Lobpreisungen und Schmeichelgedichten. Oft sehr barock, aber stets stilrein und erlesen in ihrer Sprache. Sie beherrschte alle Versmaße, und jede Dichtung ist ein kleines Kunstwerk voller Ausdruckskraft und wunderbarer Wortkompositionen .

*Und sanft mit Echogesegel die Vögel*
*und lieblich mit Plätscherwellen die Quellen*
*und mit Düften, lind versprühten, die Blüten*
*und mit grüner Hälse Tanzen die Pflanzen*

Über ihre private Bibliothek ist viel spekuliert worden. Auf den beiden Gemälden, die es von ihr gibt, bilden die Buchrücken in den Regalen den Hintergrund, und es sind sogar die Titel zu lesen. Zweifellos gehörten zu ihrer Lieblingslektüre die Bücher des Jesuitenpaters Athanasius Kircher, der ein bewunderter Gelehrter und Magier gewesen ist. Hohe Persönlichkeiten Europas verkehrten mit ihm, und seine Bücher standen in fast jeder Jesuitenbibliothek. Juana Ines konnte seine kühnen Spekulationen und seine wissenschaftlichen Entdeckungen studieren, ohne Gefahr zu laufen, der Ketzerei angeklagt zu werden. Denn wenn sie vor etwas wirklich Angst hatte, dann war es die Inquisition.

Sor Juana war stets sehr geschickt darin, sich durch Taktgefühl und Sensibilität das Wohlwollen der jeweiligen Vizekönige zu sichern, die meist nur eine kurze Amtszeit innehatten. So auch 1680, als die Stadt Mexiko und die Kirche die Marqueses de la Laguna empfingen, das neue Vizekönigspaar. Zwischen Doña Maria Luisa de la Laguna Condesa de Paredes und Sor Juana Ines de la Cruz entwickelte sich eine ganz besonders innige Freundschaft, ja eine Liebe. Romanzen und Sonette mit zum Teil überschwenglichen Liebeserklärungen wurden aus dem Kloster in den Palast gesandt. Juana Ines wollte lieben und geliebt werden. Sie hatte so viel zu geben, aber Leidenschaft und Liebesfähigkeit paßten nicht zu einer Nonne, es sei denn, sie projizierte ihre Liebe auf Gott. Aber Sor Juanas Gefühle waren weltlich und ihre Gedichte sind eindeutig erotisch. Ihr religiöses Gelübde ließ keine Sexualität zu. Als Nonne war sie jeglicher Geschlechtlickeit enthoben, war ein Neutrum:

*Denn ich bin kein Weib, das irgendwem*
*als Frau zu Diensten sein könnte;*
*und ich weiß nur, daß mein Körper*
*ohne Neigung zu dem oder*
*jenem, neutral ist, enthoben,*
*nichts als ein Wohnsitz der Seele.*

Die Vizekönigin und die dichtende Nonne waren Gefangene ihres Standes, weder die Klosterliturgie noch das Hofzeremoniell boten Freiheit für heimliche Treffen. Es gibt weder Belege noch Dokumente, man kann jedoch sicher sein, daß diese leidenschaftliche Zuneigung keusch blieb.

*Weder mein Frau- noch mein Fernsein*
*kann mich hindern, dich zu lieben;*
*denn du weißt: Die Seelen kennen*
*nicht Distanz und nicht Geschlecht.*

Die Gemälde, die von Sor Juana Ines de la Cruz existieren, zeigen sie als schöne stolze Frau, die ihre Kutte wie eine modische Kreation trägt.

Führte Maria Luisa ein Bild ihrer geistlichen Freundin mit im Gepäck, als das Vizekönigspaar Neuspanien im Jahre1688 verließ? Juana Ines' Welt war eine eingeschlossene, abgeschiedene Welt. Neuspanien war weit entfernt vom fortschrittlichen Europa. Neue Strömungen auf wissenschaftlichen, politischen oder literarischen Gebieten blieben Mexiko verschlossen. Diese hellsichtige, wißbegierige, intelligene Frau mußte zwischen überholten Gedanken und Philosophien leben und konnte aus der Abgeschlossenheit ihres Klosters selten Zugang zu Neuentdeckungen bekommen, auch wenn sie bis kurz vor ihrem Tode Kontakte nach Spanien hatte. Ihre Liebesgedichte waren weit verbreitet, und anscheinend störte sich zu dem Zeitpunkt niemand an den erotischen Themen.

Sor Juanas Dichtungen war oft auch Auftragsarbeit: Hofpoetik, aber auch Theaterstücke. Sie schrieb geistliche Werke, Komödien und sogar Mantel-und Degenstücke. Natürlich gibt es Schwächen, und nicht alles ist brillant. Ihre Wortspiele, die humoristischen Einlagen und komplizierten Verstrickungen sind jedoch immer gekonnt angelegt. Die Aristokratie Mexikos war begeistert, das brachte ihr die Gunst der Vizekönige ein und festigte ihre Stellung im Kloster. Durch den Ruhm der Hofgedichte konnte sie eine gewisse Unabhängigkeit auch in finanziellen Dingen erlangen und sich so fernhalten von Kleinlichkeiten und Intrigen im Klosterleben. Fast zwanzig Jahre konnte sie unbehelligt als verehrte Dichterin und Schriftstellerin ihr klösterliches Dasein ertragen.

Aber ihre Sicherheit begann zu bröckeln, als Francisco de Aguiar y Seijas Erzbischof in Mexiko wurde. Er haßte die Frauen, und er haßte das Theater. Er dankte Gott auf den Knien für seine Kurzsichtigkeit, so brauchte er die Frauen nicht zu sehen. Niemals durfte ein weibliches

Wesen über die Schwelle seines Hauses treten, sollte es jemals geschehen, würde er den Ziegel, den eine Frau berührt hätte, herausreißen lassen. Sor Juanas Beichtvater, der pikanterweise auch strenger Prüfer der Inquisition war, mußte die allzu weltliche Nonne mehrfach tadeln. Plötzlich fiel auch ihr ständiger Umgang mit der Öffentlichkeit auf, denn sie empfing oft Besuch von adligen Damen oder hohen Beamten. Sie wurde geliebt, und doch fehlte ihr die wahre Liebe. Sie wollte eine gehorsame Dienerin Gottes sein und war doch immer wieder ungehorsam, konnte sie doch auf ihren weltlichen Umgang nicht verzichten. Trotz vieler Besuche war sie oft allein, grübelte, verfiel in Melancholie und seelische Schwankungen, dachte über ihre Weiblichkeit nach. Sie glaubte nicht wirklich, daß es eine natürliche Behinderung war, eine Frau zu sein. Es waren die Sitten, die die Frauen behinderten, und das Scheitern und die Schranken der menschlichen Vernunft. Sehr deutlich wird es in ihrem Lieblingswerk: „Der erste Traum". Bewußt abstrakt erzählt uns Sor Juana im Zeitraum nur einer Nacht ihr intellektuelles Leben, sie teilt uns ihre Illusion der vollkommenen Erkenntnis mit.

Am Ende ihres Lebens glaubte sie zu erkennen, daß ihr immerwährendes Streben nach Wissen gescheitert war. Die Grenzen, die uns Menschen gesetzt sind, brachten sie zur Verzweiflung, ließen sie zum Schluß schweigen und sich selbst anklagen. Oder waren es Resignation und Kraftlosigkeit, da sie sich gegen die Allgewalt des Erzbischofs y Seijas nicht wehren konnte, und sie auch nicht auf die Zuwendung ihres Beichtvaters verzichten wollte?

Schon früh hatte sie sich mit der männlichen Welt des Wissens in den Büchern ihres Großvaters identifiziert. In ihr gab es mehrere Wesen, die demütige Christin, die rebellische Philosophin und die leidenschaftliche Geliebte.

Oh, Juana Ines, wie sehr wir mit dir fühlen! Du wurdest zerdrückt im Streit zwischen zwei Kirchenfürsten. Warum hast du dich eingemischt?

Sor Juana veröffentlichte eine Kritik an einer Predigt des Jesuiten Antonio de Vieyra, ein glänzender Prediger, ein Meister barocker Prosa, ein vehementer Verteidiger der Indianer, Schwarzen und Juden. Diese Predigt hatte er allerdings vierzig Jahre zuvor gehalten. Der Bischof Fernandez de Santa Cruz sorgte dafür, daß Sor Juanas Kritik an

die Öffentlichkeit geriet. Im Grunde sollte dem Erzbischof und Frauen-
hasser y Seijas der Kampf angesagt werden, die kritischen Anmerkungen sollten ihm gelten und nicht Vieyra. Kenner der Ereignisse mußten
das herauslesen können. Warum hat Sor Juana sich als Werkzeug benutzen lassen? Unsere streitbare Nonne in der Schußlinie der Kritik.
Der cholerische, herrschsüchtige Erzbischof wird sie zu stoppen wissen. Eine dichtende Ordensfrau, die auch noch Liebesgedichte verfaßt? Da Juana Ines jedoch den Schutz des Königshofes genoß, begnügte ihr Beichtvater Nuñez de Miranda sich vorerst damit, sie mit Vor-
würfen zu überhäufen: Sie solle doch endlich ihre literarischen und
weltlichen Betätigungen einstellen. Was war es, das sie dann doch zum
Schluß resignieren ließ?

Zunächst verteidigte sie sich, sie habe so wenig geistliche Literatur
geschrieben, weil sie nicht imstande gewesen sei, die Feinheiten der
Theologie zu erkennen, sie habe Furcht vor der Interpretation der heiligen Bücher gehabt. Ihre wahre Leidenschaft sei nicht die Literatur, sondern das Wissen gewesen. Sor Juana gab es auch offen zu: „Ich will
keinen Ärger mit der Inquisition." Nur unter diesem Aspekt können wir
ihre vorgenannten Erklärungen begreifen. Warum nahm Fernandéz de
Santa Cruz Juana Ines' Antwort so gleichgültig, ja stumm auf ? Vielleicht wollte er den Erzbischof nicht noch mehr herausfordern. Es war
bequemer, die rebellische Nonne fallenzulassen. Nein, sie sollte sich
nicht verteidigen, sie sollte verzichten auf weltlichen Umgang! Sie war
sündig, denn ihre Überheblichkeit und ihr Hochmut geziemten sich
nicht für eine Frau. Ihr Beichtvater Antonio Nuñez de Miranda entzog
ihr seinen Beistand, er empfing sie nicht und besuchte sie auch nicht
mehr im Kloster San Jerónimo.

Das muß Juana Ines nicht nur befremdet, es muß sie tief getroffen
haben! War er es nicht gewesen, der ihr den Weg ins Kloster geebnet
hatte und der am Tag ihres Gelübdes die Kerzen am Altar für sie ange-
zündet hatte? Nuñez de Miranda, ein einflußreicher, hochangesehener,
berühmter Prediger, Professor der Theologie, aber auch Zensor der Inquisition! Vermutlich wird sie geschwächt gewesen sein durch die zu-
nehmenden Angriffe aus dem Klerus. Aber sie war stark, sie glaubte an
sich, und in ihrer Antwort hatte sie mit einigen umständlichen Floskeln

zum Ausdruck gebracht, daß sie nicht verzichten würde. Sie wollte weiterschreiben, es war ihre Berufung!

1692 erschien ein Buch Sor Juanas, das mit der Unterstützung und Protektion ihrer Freundin Doña Maria Luisa de la Laguna, Condesa de Paredes, in Spanien herauskam. Zur Verteidigung Juana Ines´ rief die Freundin namhafte Theologen und Dichter zusammen, die in einer Vorrede der Nonne Huldigungen, Lobpreisungen, Zustimmung und Beifall zukommen ließen. Leider kam diese Verteidigung zu spät.

Politische Umbrüche wirkten sich auch auf Sor Juanas Wirken und Einfluß aus. Ein verregneter Sommer 1691 in Mexiko, eine überschwemmte Hauptstadt, einstürzende Häuser, verdorbene Ernten, Hungersnot, Seuchen, Spekulationen, Teuerungen und - damit nicht genug - auch noch eine Sonnenfinsternis im gleichen Jahr, die zusätzliches Unglück verhieß, brachten das gesellschaftliche Gefüge aus dem Lot.

Vizekönig und Berater konferierten und beratschlagten, aber entschlossenes Handeln gab es nicht. Es halfen keine Fürbitten und Gebete in den Kirchen, keine Prozessionen, bei denen Heiligenbilder über die öffentlichen Plätze getragen wurden. Panik und Unruhe brachen aus, da die Bevölkerung befürchtete, die Vorräte seien erschöpft, die Getreidelager leer. Verhaftungen und Hinrichtungen Aufständischer wurden vorgenommen. Die Indianer durften die Stadt nicht mehr betreten. Der Volkszorn entbrannte, der Palast sollte in Flammen aufgehen. Der Vizekönig verlor Ansehen und Einfluß, da er nichts ausrichten konnte gegen die Machenschaften der Spekulanten. Erst die Androhung der Exkommunikation und die Bannflüche der Kirche zeigten Wirkung. So konnte sich der Erzbischof Aguiar y Seijas als höchste Autorität weitere Macht verschaffen.

Der noch amtierende Vizekönig traute sich offenbar nicht mehr, auch weiterhin seine schützende Hand über Sor Juana zu halten. Aus Spanien direkt konnte Doña Maria Luisa nicht mehr helfen, da ihr einflußreicher Gatte im gleichen Jahr verstorben war. Ohne Unterstützung von Fernandez de Santa Cruz und Nuñez de Miranda stand Juana Ines ganz allein. So konnten lange schlummernde Feindseligkeiten gegen sie aus allen Richtungen ausbrechen. Was hatte sie gehabt in ihrem

Leben? Sanftmut und Liebe ihres Großvaters wurden ihr nur während der ersten acht Lebensjahre zuteil. Danach mußte sie stets für sich alleine kämpfen, zwar wußte sie kraft ihrer Verbindungen immer, an wen sie sich wenden mußte, wenn sie Hilfe und Protektion brauchte, aber hatte sie einen fürsorglichen Vater gehabt, einen leidenschaftlichen Liebhaber, einen liebevollen Gatten? Fürsprecher, Bewunderer und Förderer gab es, doch ihr Temperament, ihr Charisma, ihre Sucht nach Leben, Lieben und Wissen konnte sie nicht hinter Klostermauern ausleben. In ihren Gedichten schlugen sich ihre Selbstzweifel und ihre innere Unruhe nieder. Sie sah keinen anderen Weg, als ihren Beichtvater zu bitten, sich ihr wieder zuzuwenden. Niemand sonst konnte sie vor dem wütenden y Seijas schützen.

Aber die Bitte an Nuñez de Miranda bedeutete für sie Unterwerfung. Sie wußte es wohl, und doch sah sie keine andere Möglichkeit. Sor Juana Ines de la Cruz war besiegt. Sie, die fromme Gottesbraut, hatte sich loszusagen von allem Weltlichen. Keine Besuche und Zerstreuungen mehr. Jegliche literarische Betätigung wurde ihr untersagt. Lediglich ihre geistlichen Arbeiten fanden Gnade vor den Augen des strengen Zensors. Ihr unfraulicher Drang, sich weltliches Wissen anzueignen und die unselige Neigung zur Literatur hatten sie verführt, unfromm zu leben. Sor Juana mußte Abbitte tun und ein neues Gelübde ablegen. Es bedeutete für sie den völligen Verzicht des Schreibens.

Zu dieser Zeit muß sie begonnen haben, sich selbst zu züchtigen. Ein Biograph aus dem 17. Jahrhundert berichtet, was ihm auch sicher Nuñez de Miranda anvertraut hatte: „Mutter Juana blieb allein mit ihrem göttlichen Gemahl, und da sie ihn als um der Sünden der Menschen willen ans Kreuz geschlagen betrachtete, trieb die Liebe sie zur Nachahmung an, wobei sie sich bemühte, ihre Begierden und Leidenschaften zu kreuzigen, mit solch glühender Strenge in ihrer Buße, daß es der klugen Fürsorge und Aufmerksamkeit Pater Antonios bedurfte, sie zu mäßigen, damit sie in ihrem Eifer nicht ihrem Leben ein Ende setze."

Es ist schwer verständlich, daß sich diese selbstsichere Persönlichkeit zur blutenden Büßerin gewandelt haben soll. Aber das war nicht alles. Der unerbittliche Erzbischof y Seijas zwang sie, ihre Bücher, ihre gesammelten Musikinstrumente, ihre wissenschaftlichen Apparate, alle weltlichen Geschenke, die sie jemals erhalten hatte, an ihn abzutreten, damit er durch den Verkaufserlös den Armen helfen könne. In ihrer Zelle sollen sich nur noch Andachtsbüchlein, Bußgürtel und Ruten befunden haben. Juana Ines soll „keine Miene verzogen haben", als man ihr die geliebten Bücher nahm. So verstreute sich ihre umfangreiche Bibliothek unauffindbar in alle Himmelsrichtungen. Aber auch ihr Vermögen und das des Klosters griff y Seijas an. Das Kloster San Jerónimo war reich, und sie war die Verwalterin der finanziellen Angelegenheiten. Von allen verlassen, ihrer Habe beraubt, beschwert mit dem Gelübde, nie mehr schriftstellerisch tätig zu werden, muß sie verzweifelt gewesen sein. Hat sie mit Gott gehadert?

Antonio Nuñez de Miranda erkrankte siebenundsiebzigjährig an grauem Star. Der Arzt entschloß sich zur Operation, die auch vollführt wurde. Sicher geschwächt durch diesen Eingriff, erkältete sich Sor Juanas Beichtvater und starb am 17.Februar 1695. Ungefähr zwei Monate später brach im Kloster San Jerónimo eine Epidemie aus. Bis heute ist nicht geklärt, um welche Krankheit es sich gehandelt haben könnte. Aufopfernd pflegte Juana Ines ihre Schwestern, ohne eine Ermattung zu zeigen, und steckte sich an. Sie starb am 17. April 1695, morgens um vier Uhr, noch nicht siebenundvierzig Jahre alt.

Monate vorher hatte sie in das Buch der Ordnungsgelübde des Klosters geschrieben: „Hier oben sollen der Tag meines Todes, der Monat und das Jahr verzeichnet werden. Um der Liebe Gottes und seiner allerreinsten Mutter willen bitte ich meine geliebten Schwestern, die Nonnen sind und es in Zukunft sein mögen, inniglich, mich im Gebet Gott zu befehlen, die ich die Verworfenste war und noch bin. Sie alle bitte ich um Verzeihung, um der Liebe Gottes und seiner heiligen Mutter willen. Ich, die Verworfenste der Welt: Juana Ines de la Cruz."

Du, die verworfenste der Welt, Juana Ines?

*Weil sie schön ist, wird sie vom Neid verfolgt;*
*weil sie gelehrt ist, geifert die Verleumdung:*
*oh, wie lange schon hat die Welt die Sitte,*
*die Verdienste als Sünden anzukreiden!*

SRAPHINIA FELICHIANI COMT.** DE CAGLIOSTRO

Mariage du Comte de Cagliostro.

# Lorenza Feliciani, genannt Seraphina

# Marina Grünewald
## Seraphina, eine Spurensuche

Als ich begann, die Spuren von Lorenza Feliciani, der Gemahlin des berühmten Magiers Cagliostro zu verfolgen, mußte ich feststellen, daß die Bücher über ihren Mann Joseph Balsamo alias Comte de Cagliostro, zwar ganze Bibliotheken füllen, über Lorenza aber nur sehr wenig zu finden ist. Dabei stieß ich - mehr oder weniger zufällig - auf William Bolithos vor ca. siebzig Jahren geschriebene „Geschichte" des Abenteuers.(„Twelve against the Gods"). William Bolitho wurde gegen Ende des 1. Weltkrieges nach der Schlacht an der Somme aus einem Meter Tiefe schwer verletzt ausgegraben. Er überlebte und begann eine steile literarische Karriere, die 1930 auf der Höhe seines Ruhms nach heftiger Krankheit jäh endete.

Es war sicher kein Zufall, daß William Bolitho sich mit den außergewöhnlichsten Gestalten der Menschheitsgeschichte beschäftigt hat. Und so ist es natürlich auch nicht verwunderlich, daß er sich dabei auch ausführlich mit dem Grafen Cagliostro auseinandergesetzt hat, von dem Johann Kaspar Lavater gesagt hat: „Ich glaube, die Natur formt nur alle Jahrhunderte einmal eine Gestalt wie Cagliostro!" Was aber Bolithos Werk von anderen unterscheidet, ist die Tatsache, daß für ihn Lorenza Feliciani nicht das Geschöpf Balsamos war, sondern umgekehrt: Lorenza Feliciani, die selbsternannte Hohepriesterin ägyptischer Logen, schuf den Comte de Cagliostro.

Aus William Bolithos Materialien, aus dem exzellenten biographischen Text von Wolfgang Bauer und Irmtraud Dümotz: „Der große Grundsatz der Natur ist die Liebe" (1980) und aus der Zeitschrift „Das graue Ungeheuer" von 1785 (speziell aus der Nr.15) habe ich nun eine biographische Textcollage über das ungewöhnliche Leben der Lorenza Feliciani, genannt Seraphina, zusammengestellt.

# Marina Grünewald

# Seraphina, die Hohepriesterin der neuen Feen
## Eine biografische Collage

...Cagliostro, eigentlich Joseph Balsamo, 1743 geboren als Sohn eines glücklosen Händlers aus Palermo und dessen, von Goethe bei einem Besuch "einfach und fromm" befundener Frau, verschaffte sich während seiner Jugendzeit in kurzen aber wichtigen Begegnungen mit wohlhabenden Durchreisenden nicht nur ein bescheidenes Einkommen, sondern auch den Hintergrund für den Wunsch, alsbald den Status eines sizilianischen Straßenräubers der Gesellschaftslage seiner Opfer mehr anzupassen...

...In diesem Zustand begegnet Joseph Balsamo seiner Seraphina, deren wahrer oder von der Gesellschaft aufgezwungener Name Lorenza Feliciani lautete. Sie war die Tochter eines Gürtel- oder Handschuhmachers, ein schönes Mädchen, das, wie die meisten ihresgleichen, romantischen Ideen frönte. Nur in einem unterschied sie sich von ihren Geschlechtsgenossinnen: Sie war bereit, diese Ideen in die Tat umzusetzen. In Wahrheit war sie eine geborene Abenteurerin. Wüßte man mehr von Ihr und ihrem Anteil an dem ungeheuerlichen Leben ihres Gatten, man müßte sie als eine der Größten, die je gelebt hat, bezeichnen. Aber ihr Einfluß blieb nach außen jahrelang passiv. Ihr eigener Wille war in dem Zweiklang des gemeinsamen Abenteuers lange Zeit unvernehmbar, oder besser noch, ihre Schwingungen waren so eins mit denen Cagliostros, daß sie von den Schriftstellern, die den Reizen des Themas erlegen sind, meist vergessen oder - schlimmer noch - als ein armes tapferes Ding geschildert wird...

...Das nun Folgende beruht auf keinem besseren Beweis als dem der chronologisch sehr bezeichnenden Ereignisse. Trotzdem ist die Metamorphose der fetten Raupe Beppo Balsamo in den prächtigen Schmetterling Graf Alexander von Cagliostro, angebeteter Schüler des weisen Althotas, Adoptivsohn des Scherifs von Mekka, mutmaßlicher Sohn des letzten Königs von Trapezunt, auch Ilso Acharat geheißen, Unglückliches Kind der Natur, Oberster Großmeister der ägyptischen Freimaurerei der hohen Wissenschaft, Großkophta von Europa und

Asien, höchstwahrscheinlich in erster Linie auf die kleine Lorenza, seine mystische Seraphina, zurückzuführen. Das heißt, die Triebkraft, die Gestaltung des Doppelwillens, kam von seiten der Frau. Seine Persönlichkeit, die Formung seines Willens, war das Urwesen ihres Abenteuers. Beppos Plumpheit erschien ihr als Würde, seine Flegelhaftigkeit als rohe, noch undifferenzierte Würde. In dem ununterbrochenen Strom seiner Lügen und Aufschneidereien über sich selbst und seine Reisen entdeckte sie nicht nur eine ungewöhnliche Phantasie, sondern jene seltene Autosuggestionskraft, jenen Glauben an sich selbst, der das radiumhaltige Element im Naturhaushalt der Phantasie ist...

...Bildung besaß Lorenza nicht, sie hätte ihr auch nichts nützen können. Vielmehr muß sie auf ihren Spaziergängen mit Beppo über die strahlenden Gassen Roms, auf den Treppen der Piazza di Spagna, unter den vorbeiflitzenden Schwalben oder auf dem Brunnenrand barocker Fontänen im Strudel der Pilger aus allen Teilen der Welt ihr Material studiert und ihre Methode entwickelt haben. Diese wird sie dann in ihrer monatelangen Verlobungszeit in einen kühnen Feldzug gegen die Wälle und Befestigungen seines im wesentlichen barbarischen Geistes ausprobiert haben...

...Kurz und gut, sie hatte Glück und Urteilskraft, aber keine moralischen Hemmungen. So machte sie aus der Null Beppo Balsamo eine Persönlichkeit, so löste sie das dunkelste Problem menschlicher Dynamik, indem sie aus einem Wirrwarr lüsterner Widersprüche einen einheitlich starken Willen schuf, der sich als treffsichere Kugel statt einer Ladung Schrot gegen die Welt entlud. Wie groß oder klein ihr Anteil an dem Abenteuer auch gewesen sein mag, der Abenteurer selbst war ihr Werk: Eine seltenere und gefährlichere Operation als irgendeine der magischen Prozeduren Cagliostros...

...Ihre Zuhörerschaft aber war gebildet, differenziert, phantasievoll und dabei so kritisch wie das Premierenpublikum einer Galaoper. Selbst auf dem Gebiete der politischen Zauberei muß der Magier an sich selbst glauben, wenigstens so lange die Vorstellung dauert.

Aber Wille und Glaube bedürfen, um Absatz zu erzielen, eines Vermittlers, das heißt, einer Persönlichkeit. Der Kern einer Persönlichkeit ist ihre Vergangenheit. Lorenza - noch hat sie sich nicht in Seraphina verwandelt - machte sich daher ans Werk, aus dem üppigen aber unzusammenhängenden Geschwätz ihres Liebsten ein „ne varietur"-Ausgabe zusammenzustellen, deren letzte Fassung eine äußerst merkwürdige Geschichte ergab. Die Vorgänge in Palermo waren darin gestrichen, ebenso wie Beppos Charakter zu dieser Periode. Cagliostro war, so kamen sie überein zu glauben, der unglückliche Sohn des letzten Herrschers von Trapezunt, der durch den Ruin jenes entlegenen Reiches enterbt und in die Verbannung geraten war. Auf der Flucht fiel er in die Hände von Banditen, die ihn in Mekka als Sklaven verkauften. Hier erstand ihn der edle Scherif, um ihn in die Lehren der Kabbala einzuführen. Doch als er heranwuchs, vermochten weder die Großmut noch die Gunst des Scherifs seinen Ehrgeiz zu zügeln, und endlich ließ der Magier ihn ziehen, nachdem er ihm zuvor den romantisch mitleidigen Titel „Unglückliches Kind der Natur" verliehen hatte.

Auf seinen Reisen traf er mit den tanzenden Derwischen, einer osirischen Bruderschaft, und dem Dom Daniel der Alchemisten zusammen, die ihn alle ehrenvoll aufnahmen, ihn in ihre Mysterien einweihten und ihn endlich widerwillig von neuem seiner unstillbaren Wanderlust überließen. In Damaskus begegnete er dem Hohepriester aller arkanischen Weisheit, Althotas, und schiffte sich mit ihm nach Malta ein, wo die im Verborgenen lebenden Nachkommen der Gnostischen Ritterschaft ein geheimes Laboratorium besaßen. Hier verrichteten Althotas und er Wunderwerke der geistigen Chemie, indem sie auf alle nur mögliche Art unzerlegbare Elemente umschufen und verwandelten. Vorsichtig deutete er an, daß er gezwungen gewesen sei, Althotas zu töten.

Was nun Lorenza betrifft, so begnügte sie sich mit suggestiver Mystik und dem Namen Seraphina. Der Phantasie wurde weitester Spielraum gelassen. Lorenza half ihr nur durch gelegentliche Hinweise, wie einen ausländischen Schnitt in der Kleidung und einen ausländischen Akzent in sämtlichen Sprachen nach...

...Wir wissen nichts Näheres über ihre Abenteuer in den nun folgenden Jahren, aber selbst ein schlichter wahrheitsgetreuer Bericht wäre wahrscheinlich eine bessere Lektüre gewesen als sämtliche Gedichte jener Epoche. Statt dessen besitzen wir die Aufzeichnungen des Herrn Inquisitors, der sich mit der Schilderung und Aufzählung der von ihnen Geprellten - das offizielle Synonym für die Konvertiten eines Ketzers - begnügt. Unter ihnen befinden sich sämtliche Figuren eines historischen Dramas: Italienische Grafen, französische Gesandten, spanische Marquisen, Herzöge und maskierte Damen von Welt. Das Paar taucht in Venedig, Mailand, Marseille, Madrid, Cadix, Lissabon und Brüssel auf. Es reiste in einer lackierten schwarzen Kutsche mit einem vornehm schlichtgoldenen Wappen auf den Kutschenschlägen und sechs bewaffneten Bedienten in einer dunklen Livree mit einer großen Menge Gepäcks. Überall, wo sie abstiegen, wandten sie die gleiche Einführungstechnik an, die sie wahrscheinlich in den harten Tagen ihres Aufstiegs erlernt hatten. Die romantische Kutsche pflegte vor dem besten Gasthaus der Stadt anzuhalten. Ihre Mahlzeiten nahmen sie in ihren Gemächern ein und verlangten dabei mit ernster Stimme und deutlichem, aber undefinierbarem ausländischen Akzent allerlei fremdartige Gerichte...

...Das leichter faßliche Gegenstück zu den Taten, die das Paar auf seinen Wanderungen durch Europa vollbrachte, ist nicht etwa in einer Reihe von unvorhergesehenen Streichen, wie denen des Gil Blas oder Eulenspiegel zu suchen, sondern in den ehrwürdigen Berichten von Missionaren, die ihren Glauben predigten und Kirchen bauten. Cagliostros und Seraphinas Aufgabe bestand nicht in der Aufstellung einer schwarzen Liste, sondern in der Gründung eines Kults. Sie fingen sich Konvertiten ein, die sie sich zu erhalten wünschten, nicht etwa Geprellte, vor denen sie hätten fliehen müssen, sondern Jünger, welche in das Register der eingetragenen Mitglieder der ägyptischen Freimaurerei der Hohen Wissenschaft aufgenommen wurden, deren Vorsitzender der große Unbekannte war, welcher in den unerforschten Schlünden des Mondgebirges hauste. Großkophta aber von Europa und Asien war der Graf Alexander Cagliostro, Großmeisterin die aus irdischen Banden erlöste Seraphina...

...Wer weiter in die Geheimnisse einzudringen wünschte, mußte sich der ersten Weihe der ägyptischen Freimaurerei unterziehen. Diese Weihen wurden, je mehr die Zahl ihrer Anhänger und die Phantasie ihres Erfinders wuchs, verfeinert und stärker ausgebaut. „Die Männer, die den Meisterrang errungen haben, nehmen die Namen der alten Propheten an; die Frauen die der Sibyllen. Die Großmeisterin Seraphina bläst den weiblichen Adepten von der Stirn bis zum Kinn ins Gesicht, mit den Worten: „Ich gebe euch diesen Atem,auf daß in euren Herzen keimen und Leben gewinnen möge der Geist der Wahrheit, Sibyllen...

...Man versammelte sich abends 11 Uhr. Beim Eintritt mußte jede Schülerin ihren Cul de Paris, ihre Bouffante, ihren Schnürleib, ihren falschen Chignon, ihre Goutiens, alle ihre Schnurrpfeiffereyen ablegen. Dafür bekam sie den Logenhabit. Dies war eine weiße Levite mit einer gefärbten Schärpe. Nach diesen Schärpen war die Schwesterschaft in sechs Farben eingeteilt: Schwarz, blau, violet rosenfarb, eoquelicot und impossible.

Nachdem sie umgekleidet waren; führte man sie in einen prächtig beleuchteten Tempel, welcher mit 36 Bergeren von schwarzem Tassent besetzt war. Auf einem Thron saß die Oberpriesterin, ganz weiß gekleidet und glänzend wie eine Juno. Zu Ihrer Seite zwo besondere Figuren, die sich nicht beschreiben lassen. Waren es Menschen oder Geister; waren sie männlichen oder weiblichen Geschlechts; das ist ungewiß. Unmerksam schwächte sich das Licht. Der Saal verdunkelte sich bis zur Dämmerung. Kaum ließen sich die Gegenstände noch unterscheiden. Izt gab die Oberpriesterin ein Zeichen, daß jede Schülerin das linke Bein in die Höhe heben sollte. Zu gleicher Zeit mußte sie den rechten Arm ausstrecken In diesem Moment treten zween weibliche Geister ein, werfen sich vor den Thron der Priesterin, und empfangen aus ihren Händen ein Gebund rosenfarbene Bänder. Mit diesen binden sie jede Schülerin an Hand und Fuß. So stehen sie nun ins Kreuz gefesselt da. Nun hält die Oberste eine Rede. Sie erklärt den Weihlingen, daß ihr gegenwärtiger Zustand das Symbol von ihrer Bestimmung in der Gesellschaft wäre. „Erkennen sie hieran, meine Töchter," so sagte sie, „daß wir Sklaven der Männer sind. Aber lassen wir ihnen immer den Vorzug, Kriege zu führen, Gesetze zu geben, und über die Schwächen zu herrschen. Der unsrige muss der seyn, die Meinungen und die Sitten zu regieren, den Geistern ihre Richtung zu geben, das Reich der Sanftmut, der Empfindnisse und der schönen Regungen auszubreiten."

Zum Schluß dieser Rede, deren Reize man umsonst zu wiederholen sich bemühen würde, erschienen die Geister wieder und entfesselten die Damen. Nun kündigte die Oberpriesterin an, daß die Prüfungen vorhanden wären. Jede Schülerin mußte zum Thron treten und den Eid ablegen. Man las die Gesetze vor. Sie enthielten unter anderen, daß jene Priesterin, welche der Versuchung, so ihr bevorstünde, unterliegen würde, ohne Gnad verstossen seyn sollte. Hierauf teilte sich die Gesellschaft in sechs Gruppen, nach ihren Farben. Jede Gruppe wurde in ein eigenes Kabinet, so an den Saal gränzte, geführt, und allein gelassen; aber nicht lang: denn es fand sich bald Besuch ein. Auserlesene Mannsbilder, Jünglinge mit allen Reizen des Körpers und des Geists begabt, von den Grazien und Liebesgöttern begleitet, überraschen sie. Verlorene Mühe! Umsonst wenden sie alle Künste der Versuchung an. Weder Seufzer noch Schwüre, noch Tränen, noch Verzweiflung können eine von den Schülerinnen bewegen, das Gelübde zu brechen. So sehr übertrifft die Macht des Fürwitzes noch selbst die Wollust im weiblichen Herzen.

So wie die Morgenröthe sich zeigt; so hört man ein Zeichen. Der Tempel eröffnet sich wieder. Die Schülerinnen verlassen ihre Zellen. Sie finden die Oberpriesterin wieder auf dem Thron. Diese legt den Finger auf den Mund, zum Zeichen, daß sie Stillschweigen gebiete. Hierauf ergreift sie eine Ruthe und schwenkt solche gegen die im Grunde des Saals befindliche Nische. Sogleich fährt der Vorhang vor derselben auf. Ein mutternackter Mann steht auf einer goldenen Weltkugel; in der Hand hält er eine Schlange, und von seiner Stirne blinkert eine Flamme. „Derjenige, den sie izt hören werden, Bräute der Weisheit", sprach die Oberpriesterin, „ist der berühmte, der ungleichbare, der große, der göttliche Cagliostro, entsprungen aus dem Schoß Abrahams ohne Empfängniß, begabt mit aller Weisheit, welche war, ist und auf die Erde kommen wird. Töchter der Wahrheit, wollt ihr sie sehen, so werft diese irdische Hülle ab und - werdet wie sie!"

„Es ist nicht mehr Zeit", fuhr der verklärte Cagliostro fort, indem sich die Prosessen bis auf die Haut entkleideten, „ihnen, meine Freundinnen, das Licht zu verbergen. Erfahren sie den Endpunkt aller Wahrheit: das Vergnügen ists. Es ist das Einzige, was solid, was sublim ist, was unsterblich macht. Alles Uebrige ist Tand. Sinnen sie fünfzig Jahre nach. Denken sie wie Locke, räsonieren sie wie Beyle, schreiben sie wie Rousseau, was werden sie herfürbringen? Daß der große Grundsatz der Natur die Liebe ist. Alle ihre Sinnen überzeugen sie davon. Wozu dienen ihnen die Augen, als Bilder fürs Herz aufzufangen? Für was ist das Ohr, als um die Bilder durch die Töne der Liebe und der Harmonie zu erwärmen? Und was würden diese beiden nützen ohne das Gefühl, jenes süsse Spiel der Nerven, welches uns über die Engel selbst erhebt, weil sie es nicht haben. Kurz, alle Sinnen arbeiten nur fürs Vergnügen. Erscheinet, Söhne des Himmels, auserwählt diese Nimfen in den Genuß der Seeligkeit einzuweihen!"

Hier pfiff die Schlange, in diesem Augenblick erschienen 36 Genien in weißen Gaze gekleidet. „Ihr seid's", sprach der Zauberer „welche das Schicksal beruft, meine Lehren zu vollenden!".... und verschwand! ...

...Aber wir können auf diesen Fahrten der schwarzlackierten Kutsche ihres Geschicks über die Heerstraßen Europas noch weitere Pferdewechsel beobachten. Das unglückliche Kind der Natur macht, wenn auch nicht in dem Wissen vom Übernatürlichen, so doch in der Menschenkenntnis Fortschritte. Er entdeckt, daß die Mittelchen gegen das Leben noch viel begehrter sind, als selbst Mittel gegen den Tod, und er beeilt sich, der Nachfrage nachzukommen. Er ist den Winken seines Schicksals so gehorsam wie Casanova. Als er merkt, daß Seraphinas Körper noch besser gefällt als ihre „Aura", ist er, wie der Inquisitor schreibt, bereit, auch darin sein Publikum zu versorgen. Seraphina ebenfalls. Mit voller Schwungkraft stürzt er sich (denn der Weg führt nun einmal in die Tiefe) hinab zu den gemeineren Abarten der schwarzen Kunst. Er verzichtet auf ihre Finessen und braut von jetzt an Liebestränke, ja er besitzt das Geheimnis, Kupfer in Gold zu verwandeln...

Währenddessen verfolgt seine Gefährtin Seraphina parallel mit ihm ihren eigenen Weg zum Wissen. Sie sah auf Macht und Rang, auf eine Art päpstliche Doppelherrschaft als Haupt einer ungeheuren unterirdischen Kirche. Durch sie wollte sie in den majestätisch kleidsamen Gewändern, die Cagliostro eigens für sie entworfen hatte, über sämtliche romantischen Gemüter Europas das Zepter schwingen, an Thronen rütteln und mittels eines gesunden Optimismus, verbunden mit diskreten Erpressungen, Lebensschicksale gestalten und Huldigungen empfangen...

...Sie fuhren auch nach Palermo, wo Cagliostro die Bilanz seines Vermögens aufzustellen und sich in das Privatleben zurückzuziehen wünschte...

...Das Märchen seiner Vergangenheit hatte die Wirklichkeit in ihm gelöscht, nicht aber in seinen Feinden, deren Rache durch das lange Warten überreif geworden war. Er wurde erkannt und wegen Fälschung, Betrugs und Zauberei ins Gefängnis geworfen. Seraphina rettete ihn unter den größten Opfern und Schwierigkeiten. Es gab auch in Palermo eine Loge der Hohen Ägyptischen Wissenschaft. Ihr Vorsitzender oder Kophta war der Sohn eines vornehmen sizilianischen Edelmannes. Seraphina verstand es, alle Zweifel zu beheben, die dieser Persönlichkeit durch die Enthüllungen über Cagliostros wahren Namen und Vorgeschichte gekommen waren; ja mehr als das: Sie erweckte nicht nur sein Interesse an dem Gefangenen (der in einiger Gefahr schwebte, hingerichtet zu werden), sondern einen fanatischen Eifer. Der begeisterte Jüngling ging so weit, daß er, als alle friedlichen Mittel, den Fall niederzuschlagen, versagten, mit seinen Anhängern den Gerichtshof betrat, den Staatsanwalt packte und ihn halb tot schlug, bis der sich bereit erklärte, die Anklage zurückzuziehen. Die Richter selbst waren von dem Augenblicke an, da sie von den mächtigen Freunden Cagliostros erfuhren, nicht sonderlich erpicht auf den Fall; sie erklärten daher bereitwilligst, nichts gesehen und gehört zu haben und unser Graf stand wieder einmal auf freiem Fuße...

...Das Paar steht in der glanzvollsten Periode seines Lebens. Das rituelle Tor zu dem unsichtbaren Königreich wird durch beider Phantasie aufs herrlichste geschmückt. Die Ägyptische Loge schleicht sich in alle geheimen Winkel der europäischen Gesellschaft. Ihre Jünger zählen nach Tausenden mit einem ansehnlichen Prozentsatz an Fürsten, Millionären und Hofdamen. Alle Neugierigen, auch diejenigen, die nichts von Cagliostro erhofften, hatten doch zum mindesten seinen Namen gehört. Er und Seraphina und ihre Kutsche wurden zu einem Symbol der Zeit...

...In bewußter oder unbewußter Nachahmung ihres einzigen ernst zu nehmenden geschichtlichen Nebenbuhlers, des Appolonius von Thyana, tat Cagliostro noch ein Übriges, indem er den Krankenhäusern und den Armen sein Können unentgeltlich zur Verfügung stellte. Die Reichen hatten oft nicht das Glück, ihn schon beim ersten oder zweiten Besuche anzutreffen, denn er pflegte ostentativ, sobald er in einer Stadt abstieg, das dortige Armenhaus zu besuchen, um an alle Patienten seinen Saturn-Extrakt, das berühmteste und wirksamste Allheilmittel der Zeit, auszuteilen...

...Die Nachfrage in den Pariser Salons nach dem abenteuerlichen Grafen war ungeheuer, und wenn die große Welt ihn schon nicht selbst im Salon haben konnte, stellte sie doch wenigstens Büsten des „divo Cagliostro" dort auf. Eine wahre Cagliostro - Mode entstand, und unzählige mehr oder weniger begabte Zeichenkünstler waren unentwegt damit beschäftigt, Fächer, Tabakdosen, Ringe, Kaffee-, Tee- und andere Schalen mit der markanten Physiognomie des ehemaligen Zeichenkünstlers zu schmücken... „1785 kann in Paris als Cagliostro - Jahr verzeichnet werden, denn der Goldmacher beherrschte den Salon-klatsch, die Gazetten, die Haute Couture und die Andenkenindustrie: Die misera plebs konnte ihn als Lebkuchen oder Abziehbildchen kaufen, vornehme Herrschaften trugen ihn auf Batisttüchern, Ringen, Broschen oder am Halsband." Und als Cagliostro 1786 von der Anklage der Mittäterschaft in der berüchtigten Halsbandaffäre freigesprochen und aus der Bastille entlassen wurde, entzündeten die begeisterten Pariser ein Feuerwerk. Als er kurz darauf - vom französischen König verbannt - mit dem Schiff nach England abfuhr, soll eine Prozession von fünftausend Menschen den Magier (und seine Priesterin) nach Boulogne begleitet haben und ihn hier am Ufer - voll Trauer kniend - verabschiedet haben.

Dies alles steht in einem seltsamen Kontrast zu den Behauptungen der ersten, von der Inquisition bezahlten Biographie über Cagliostro. Mit dieser Biographie als Hintergrund hat sich bis heute eine fast ausschließlich negative Sicht von Cagliostro durchgesetzt...

...Kein Wunder, daß die Inquisition - als sie 1789 der Cagliostros in Rom habhaft wurde - ihn als gefährlichen Ketzer zum Tode verurteilte. Daß sich ausgerechnet ein Kardinal als sein Schüler ansah, hat sicher auch zu dem schnellen Urteil geführt. In ihrem Haß sollen die Inquisitoren Cagliostro vor seinem Prozeß so gefoltert haben, daß Passanten sein Schreien selbst durch die dicken Mauern der Engelsburg hindurch gehört haben. Lorenza, Cagliostros Hohepriesterin, kam in ein Kloster, wo man sie in einer Weise behandelte, daß sie fünf Jahre später, noch vor Erreichung ihres 4o. Geburtstages, starb....

CHRISTINA ROSSETTI

**Christina Rossetti**

# Momo Edel
# Christina Rossetti, die Hohepriesterin der Präraffaeliten

*„So lange ich lebe, muß und kann ich nichts anderes als mich widersetzen, mit etwas zu ringen ... Mit dem Bösen oder dem Guten, Satan oder Christus, ich widersetze mich. Ich stelle mich dagegen."*

Bei der Bezeichnung „Hohepriesterin der Präraffaeliten"denkt man unwillkürlich an die Frauenbildnisse von Dante Gabriel Rossetti, John Everett Millais, Edward Burne - Jones und William Morris. Das Bild einer Frau mit wehenden langen Haaren, entrücktem Gesichtsausdruck und fließenden Gewändern drängt sich auf. Wie wenig passen dagegen die Portraits von Christina Rossetti, der Dichterin mit dem „Herzen wie ein singender Vogel" in diese Vorstellung! Sie wirkt ernst, beinahe streng und sehr wach. Nichts an ihr ist fließend. In zeitgenössischen Beschreibungen Christinas wird immer wieder betont, wie bescheiden, äußerst schlicht und wenig modisch sie gekleidet war. Was machte sie also zur „Hohepriesterin der Präraffaeliten", wie sie schon zu Lebzeiten bezeichnet wurde, wenn sie rein optisch den Vorstellungen schon nicht entsprach?

Über ihr Leben ist wenig bekannt. Ihr Bruder William veröffentlichte nach ihrem Tod Memoiren, in denen er Christinas Leben als ereignislos bezeichnet, wenn man von zwei Liebesbeziehungen absieht, die unglücklich endeten. Christina selbst war sehr darauf bedacht, ihre Privatsphäre zu schützen. Sie sprach nicht über ihre Gefühle, vernichtete ihre Briefe und Tagebuchaufzeichnungen und bat ihre Familie und Freunde, es ihr gleichzutun. Darüber hinaus war sie überaus schüchtern und zurückhaltend und sprach nicht über ihre Gefühle.

Christina wurde im Dezember 1830 als jüngstes von vier Kindern in eine englisch-italienische Familie geboren. Die Familie Rossetti lebte in den ersten Jahren in äußerst bescheidenen Verhältnissen in London und nahm selten am gesellschaftlichen Leben teil. Es wurde italienisch und englisch gesprochen aber die Kinder hatten nur wenig Kontakt zu englischen Familien. Ihr Vater Gabriel, der Italien aus politischen Gründen hatte verlassen müssen, empfing dafür aber viele italienische Besucher. Die Kinder durften bei all diesen Besuchen anwesend sein und wuchsen in einem Umfeld auf, dessen Gespräche sich um Politik, Revolution, Kultur und Musik drehten.

Die ganze Familie Rossetti war künstlerisch hochbegabt, was sowohl die Dichtkunst als auch die Malerei betraf. Der Vater übersetzte Dante ins Englische und verfaßte eigene Werke. Die Mutter war sehr religiös und immer nur für die Familie da. Sie entsprach ganz dem Idealbild der viktorianischen Frau, die sich hingebungsvoll für ihre Familie aufopfert und eigene Interessen nicht nur hinten anstellt, sondern gar nicht erst besitzt. Ihr Sohn William schreibt in seinen Memoiren, daß seine Mutter keinerlei Interesse daran hatte, sich hervorzuheben. Ihr genügten „ihre Pflichten, die notwendigen Beschäftigungen und die vielfältige Lektüre in drei Sprachen zur Kultivierung ihres Verstandes". Der ältere Bruder Dante Gabriel erzählte darüber hinaus einem Freund, daß seine Mutter „eine bedeutende Figur in der Literatur" hätte werden können, wenn sie ihre Talente „nicht zu einem großen Teil aus Selbstverleugnung der Familie zuliebe" unterdrückt hätte. Christinas Bindung zu ihrer Mutter war sehr tief und außerordentlich prägend. Bis zu ihrem Lebensende widmete sie jede Veröffentlichung ihrer Mutter. Das erste Gedicht, das Christina im Alter von zwölf Jahren verfaßte, war ein Geburtstagsgruß an die Mutter, den ihr Großvater Polidori drucken ließ. Welche Auswirkungen dieses mütterliche Vorbild auf die begabte Tochter Christina gehabt haben muß, zeigt sich darin, daß sich Christina Zeit ihres Lebens darum bemühte, ein Leben der Selbstaufopferung und Beschränkung zu führen.

Christina hat sich einmal darüber beklagt, daß in einer Biographie von Emily Bronte sowenig von Emily und soviel von deren Bruder Branwell die Rede sei. „Offensichtlich sei es den Biographen nicht gelungen, genügend Material über Emily zu sammeln." Vor dem gleichen Problem stehen auch die Biographen von Christina. Sie verbrachte ihr ganzes Leben im Kreis ihrer Familie und war dieser so eng verbunden, daß diese nicht unerwähnt bleiben darf. William war Christina vom Alter her am nächsten und der einzige der Geschwister Rossetti, der Christina überlebte. Er sorgte nach dem Tod seines Vaters jahrelang für die Familie, insbesondere für seine Mutter und die beiden Schwestern. Christina hatte deswegen Schuldgefühle und versuchte später, ihm diese „Schuld" wiedergutzumachen, indem sie ihm nach dem Tod der Mutter die Hälfte ihres Erbes überließ.

Mit ihrem Bruder Dante Gabriel, der seine Kreativität hemmungslos auslebte, stand Christina in lebhaftem künstlerischen Austausch, der allerdings auch von Konkurrenzgefühlen seitens des Bruders geprägt war. 1862 erschienen im Abstand von nur einem Monat Christinas Gedichtband *Goblin Market* und Dante Gabriels *Italian Poets*. Dantes Werk fand nur wenig Beachtung, aber *Goblin Market* sorgte für eine richtige Sensation. Christina galt von nun als die Stimme der Präraffaeliten. Das war für Dante Gabriel sicher nicht einfach, und es wurden auch Stimmen laut, daß Christina zurücktreten solle, da es nur Platz für eine(n) Rossetti gäbe.

Obwohl die Präraffaeliten sich als Rebellen gegen die Londoner Akademie verstanden, unterschied sich ihr Frauenbild in nichts von dem Ideal ihrer viktorianischen Zeitgenossen. Eine Frau sollte ihrer Familie hingebungsvoll zugetan und im Geiste schlicht sein. In ihrer Güte klug, und umsichtig in ihren Pflichten. Diese Beschreibung stammt fast wörtlich aus einem Gedicht von Dante Gabriel. Christina fand bei ihren Zeitgenossen auch nicht zuletzt deshalb so hohe Anerkennung, weil sie sich im großen und ganzen diesem Bild anpaßte. Jedoch sollte ihr die ihr zugewiesene Rolle ein Leben lang auch große Schwierigkeiten bereiten, was sich in vielen ihrer Gedichte spiegelt. Eine Ahnung davon bekommt man durch das Gedicht *An Immurata Sister*, das sie im Alter von 35 Jahren verfaßt hatte.

*Männer arbeiten und denken, doch Frauen fühlen*
*so auch ich (denn ich bin eine Frau)*
*und so sollte ich froh sein zu sterben*
*zu beenden den ohnmächtigen Eifer*
*zu beenden die Hoffnung und die Angst*
*zu beenden das Sehnen ohne Erfüllung*
*zu beenden die ganze Welt des Schmerzes*
*und in Frieden unter den Toten zu ruhen.*

Um Christina kennenzulernen, müssen wir uns in erster Linie an ihre Gedichte halten, was natürlich viel Raum für Spekulationen läßt. Die Eindringlichkeit und Intensität von Christinas Gedichten lassen erahnen, warum sie auf ihre Zeitgenossen „jene geheimnisvolle Faszination" ausübte. Christina war eine wahrhaft inspirierte Dichterin. Ihre Gedichte sind alle spontan entstanden, ein Thema, ein Gedanke oder eine Empfindung sprachen sie an, und sie verwandelte diesen Eindruck in ein Gedicht. Dabei verfaßte sie die sehr persönlichen Gedichte auf italienisch, und gab diese auch nicht zur Veröffentlichung frei. Ihren ersten und viel beachteten Gedichtband *Verses* veröffentlichte sie 1847 bereits im Alter von siebzehn Jahren. Für eine Frau des 19. Jahrhunderts, die über kein eigenes Einkommen verfügte und von der Güte ihrer Familie abhängig war, war das sicherlich keine schlechte Art, ein Ventil für ihre Gefühle zu finden. Man darf jedoch nicht vergessen, daß das Verfassen von Gedichten bzw. das Schreiben überhaupt als unweiblich galt. Eine Dichterin, die ihr Werk auch noch veröffentlichte, mußte ständig beweisen, daß sie die „weiblichen Tugenden" wie Schlichtheit und Selbstaufopferung, sowie die weiblichen Fertigkeiten im häuslichen Bereich beherrschte. Da Christina weder besonders gerne nähte noch gut nähen konnte, wählte sie den ersten Weg. Viele ihrer Gedichte behandeln folglich auch die Themen Entsagung und Leiden, zwei Schlüsselbegriffe, die Christinas ganzes Leben beschreiben.

Auch Christinas Glauben kommt eine zentrale Rolle zu. Dort suchte sie, durch ihre vielen Krankheiten und nach der Enttäuschung zweier gescheiterter Liebesbeziehungen geschwächt, Trost. Ihr Bruder William beschreibt ihren Glauben als einen „Glauben des Herzens, nicht des Verstandes". Argumenten war Christina nicht zugänglich. Sie glaubte aus einem tiefen Gefühl heraus. Allerdings konnte selbst ihr Glauben sie nicht aus der tiefen Zerrissenheit zwischen leidenschaftlicher Phantasie und äußerer Einschränkung erlösen. Im Gegenteil, gerade wegen ihres tiefen Glaubens beschränkte sie sich noch viel stärker, als es nötig gewesen wäre. Ihr Bruder William beschreibt in seinen Memoiren Christinas „außerordentliche Empfindlichkeit des Gewissens, herbeigeführt durch die allerstrengsten Glaubenssätze." Diese strengen Grundsätze führten auch zur Auflösung der Verlobung mit dem Maler

James Collinson. Christina gehörte der anglikanischen Kirche an, später der Hochkirche, die auch als Anglo-Katholizismus bezeichnet wird. Collinson, den sie sehr schätzte, war dagegen zum katholischen Glauben übergetreten. Nachdem Christina ihm gesagt hatte, daß sie ihn dann nicht heiraten könne, wechselte er zurück in die anglikanische Kirche. Er war aber doch nicht ganz überzeugt und konvertierte abermals zum katholischen Glauben. Daraufhin löste die damals neunzehnjährige Christina ihre Verlobung. Die anglikanische Kirche verlangt von ihren Mitgliedern, daß sie jedes ihrer Motive wie auch ihr Verhalten beständig überprüfen und hinterfragen. Wie genau Christina diese Aufforderung nahm, zeigt sich darin, daß sie sich etwa zur selben Zeit Theaterbesuche versagte, „weil der moralische Ton unter Sängern, Schauspielern und Schauspielerinnen eher locker ist und es sich für einen Christen nicht ziemt, zur Ermutigung dieser lockeren Moral beizutragen." Auch das Schachspiel, das sie sehr liebte, gab sie auf, weil „sie glaubte, daß es sie dazu verleitete, gewinnen zu wollen."

Die wohl bekanntesten ihrer Gedichte schrieb sie in dieser Zeit nach der Trennung von Collinson. Deutlich klingt aus vielen Gedichten eine Todessehnsucht heraus, aber auch hier nimmt sie die eigene Wichtigkeit zurück, wie in dem Gedicht *Remember:*

> *Denk an mich, wenn ich fortgegangen bin,*
> *weit fort gegangen in das stille Land*
> *und du mich nicht mehr hältst an meiner Hand*
> *noch ich mich zum Verweilen wenden kann.*
> *Denke an mich, wenn nicht mehr Tag für Tag*
> *du von der Zukunft sprechen kannst, die du geplant*
> *Denk einfach nur an mich, begreife daß*
> *zu spät ist´s dann für Ratschlag und Gebet.*
> *Doch solltest du mich auch einmal vergessen*
> *und später dich erinnern, trauere nicht*
> *wenn Dunkelheit und Fäulnis sich verziehen*
> *ein Rest jener Gedanken, die ich einst hatte*
> *Viel besser ist es, daß du mich vergißt und lächelst*
> *als meiner gedenkst und traurig bist.*

Diese Entsagung ist erstaunlich, wenn man Christinas Beschreibungen als junges Mädchen betrachtet. Ihr Bruder William beschreibt sie als ungestümes, leidenschaftliches und rebellisches Kind, das nur das las, was ihm gefiel. In der Pubertät verwandelte sich dieser kleine Wildfang in ein schüchternes, frommes junges Mädchen. Über den möglichen Auslöser dieser Verwandlung kann man nur rätseln. Fest steht jedoch, daß Christina in dieser Zeit erkrankte, wobei die Diagnosen von Hysterie bis zu Angina pectoris reichten. Ihr schwächlicher Gesundheitszustand ermöglichte Christina aber auch ein Leben, das anderen Frauen in ihrer Position nicht zustand. Da ihre Gesundheit angegriffen war, brauchte sie, nach anfänglichen Versuchen, keine Anstellung als Gouvernante zu suchen, sondern konnte sich weiter im Schutzraum ihrer Familie aufhalten. Sie konnte ihre Zeit daher dem Verfassen von Prosa und Lyrik widmen. Christina war sich dieser Tatsache durchaus bewußt. So berichtete sie Swinburne einmal, daß sie sich wie eine entlaufene Gouvernante fühle.

Sicherlich wird auch die Erziehung, die Christina zuteil wurde, eine wichtige Rolle für ihre Entwicklung gespielt haben. Auf der einen Seite wuchs sie im lebhaften, geistig aufgeschlossenen Haushalt der Rossettis auf. Auf der anderen Seite stand die strenge Erziehung der Mädchen. Christinas Mutter Frances war zwar zur Hälfte Italienerin, aber von einer Gouvernante streng protestantisch erzogen worden. Diese Erziehung gab sie an ihre beiden Töchter Maria und Christina weiter. Die Ältere, Maria, war ein fleißiges, frommes Mädchen. Es ist nicht bekannt, ob sie unter den Einschränkungen und Regeln, die damals für Frauen galten, ebenso gelitten hat wie Christina. Für die phantasievolle, ungestüme Christina bedeutete diese Erziehung jedenfalls eine große Beschränkung. Sie gab sich Mühe, ihr leidenschaftliches Temperament zu zügeln, um es ihrer sanften, hingebungsvollen Mutter gleichzutun. Einmal, so berichtete sie später ihren Nichten Helen und Olive, habe sie sich sogar aus Wut über einen Tadel mit einer Schere in den Arm gestochen. Ihren Nichten gab sie trotzdem den Rat, sich in Selbstentsagung zu üben.

Christina war ihr Leben lang zwischen ihrer italienischen und ihrer englischen Hälfte hin und hergerissen. In ihrem Gedicht *Enrica* beschrieb Christina den Unterschied zwischen der englischen und der italienischen Erziehung.

*Wir Engländerinnen, sauber und ordentlich*
*nach dem gleichen Muster gestanzt*
*warmherzig aber nach außen hin kühl*
*sind aus Selbstachtung überaus höflich*

*Sie, eine Frau von natürlicher Anmut*
*durch die Lehren der Schule weniger beschränkt,*
*ist vom Wesen her höflich, nicht aus Pflicht*
*und warmherzig mit herzlichem Gesicht.*

Christina sollte Italien nur ein einziges Mal in ihrem Leben besuchen und sich dort außerordentlich wohl fühlen. William Rossetti beschrieb in seinen Erinnerungen „die immense Erleichterung, mit der sie die liebenswerten italienischen Gesichter betrachtete und die musikalische italienische Sprache vernahm." Auch das warme Klima Italiens tat ihr gut. Sie kehrten im Juli 1865 in ein graues, verregnetes England zurück und Christina war einige Tage vor Trauer und Erschöpfung krank. Ihr Gedicht *Italia, Io Ti Saluto* verfaßte sie in dieser Zeit.

*Aus dem lieblichen Süden in den Norden zurückzukehren,*
*Wo ich geboren, aufgewachsen bin, und sterben werde.*
*Zurückgekehrt zu meinen täglichen Arbeiten*
*um mein Spiel zu Ende zu spielen.*
*Amen, amen, sage ich dazu.*

Diese Zerrissenheit zwischen ihrer leidenschaftlichen italienischen und ihrer protestantischen englischen Seite zieht sich wie ein roter Faden durch ihr Leben und spiegelt sich auch in ihren Gedichten wider. Ihr Neffe Ford Madox Brown beschrieb Christina als eine Frau, die äußerlich ruhig dasaß, während in ihrem Inneren stets ein „heftiger Kampf zwischen heidnischer Lebenslust , dem Verlangen nach Sonnenlicht und Liebe und einer Askese, die calvinistische Zurückhaltung beinahe übertraf und ebenfalls an Ekstase grenzte", tobt.

Christinas Glaube führte sie aber nicht zu Freude und Seligkeit, wie es bei ihrer Schwester Maria, die später ins Kloster ging, der Fall war. Für Christina bedeutete ihr Glauben ständigen Kampf. So schrieb sie in einem religiösen Buch *The Face of the Deep: „So lange ich lebe, muß und kann ich nichts anderes als mich widersetzen, mit etwas zu ringen ... Mit dem Bösen oder dem Guten, Satan oder Christus, Ich widersetze mich. Ich stelle mich dagegen."*

Woraus mag diese innere Qual entstanden sein? Vielleicht aus einer tiefsitzenden, unbewußten Auflehnung gegen die Beschränkungen ihres Frauseins? Fest steht, daß Christina Rossetti die Gleichberechtigung der Frauen nicht befürwortete. Da in der Bibel ausdrücklich stand, daß das Priesteramt nur Männern offenstand, war sie der Ansicht, daß Frauen im Leben auch nur ein bescheidenerer Platz zustand. Sie konnte sich nicht für Frauenrechte einsetzen, weil diese „gesellschaftliche Strömung nicht das Ziel hatte, das Christentum zu bewahren:" Möglicherweise aber auch aus der Trauer über die gescheiterte Beziehung zu Charles Cayley, den Christina sehr liebte. Sie war einige Jahre mit ihm verlobt, löste aber auch diese Verlobung, weil Cayley Agnostiker war, was Christina mit ihren religiösen Empfindungen nicht vereinbaren konnte. So verzichtete sie aus religiösen Gründen auf Liebe und sinnliche Erfüllung, beinahe so, als wollte sie sich ihre Jungfräulichkeit für Gott aufbewahren.

Christina fürchtete, die Reinheit ihres Herzens zu verlieren, wenn sie ihrer Phantasie freien Lauf ließe. Deshalb gab sie sich große Mühe, ihre reiche Phantasie zu zügeln und sich religiösen Gedanken zu widmen. Aber gerade diese Beschränkungen führten zum Versiegen ihrer Inspiration, was sie selbst zutiefst bedauerte. In ihrer zweiten Lebenshälfte verfaßte Christina viele religiöse Gedichte und eine Vielzahl religiöser Prosatexte. Ihre Leidenschaft und Sinnlichkeit verwandelte sie in religiöse Ekstase und wurde regelrecht zur Mystikerin.

Die frühen Gedichte Christinas waren dagegen zum Teil sehr sinnlich und sprachen von unterdrückter Leidenschaft, was Christinas Brüdern gar nicht gefiel, weil es so wenig in das damals vorherrschende Idealbild einer Frau paßte. Es ist bekannt, daß William nach Christinas Tod ihre Gedichte veränderte, indem er bestimmte Wörter austauschte, um den sinnlichen Gehalt des Gedichtes zu entschärfen. Die Versuche ihrer Brüder, sie zu Themen zu bewegen, die für Frauen als angemessen galten, wie zum Beispiel Naturlyrik, wehrte sie ab. Christina weigerte sich stets, sich in ihren Gedichten dem herrschenden Zeitgeschmack anzupassen, weder was die Inhalte noch was die damals beliebten Versmaße betraf. Sie weigerte sich ebenfalls, Gedichte zu veröffentlichen, wenn diese noch nicht die Qualität erreicht hatten, die sie sich wünschte.

Bereits zu Lebzeiten war Christina eine geheimnisvolle Persönlichkeit, die auf andere faszinierend und mitunter sogar ein wenig furchteinflößend wirkte. So beschrieb sie ihr späterer Biograph MacKenzie Bell als „*... bescheiden in ein schwarzes Seidenkleid gekleidet, trug sie keinerlei Schmuck und die vorherrschende düstere Farbe wurde nur durch etwas einfache weiße Spitze am Hals und an den Handgelenken aufgelockert. Ihr Haar war noch voll und beinahe schwarz, die darin enthaltenen grauen Strähnen waren zwar sichtbar aber nicht auffällig. Ihre Haube aus schwarzem Stoff war außerordentlich schlicht und unauffällig... Sie vermittelte mir den Eindruck, groß zu sein, Ich dachte damals, wie ich es auch heute noch tue, daß keines ihrer Portraits die eindrucksvolle Breite der Stirn ausreichend betont. Sie sah fraglos wie eine geniale Frau aus.*"

Obwohl sie äußerlich keineswegs dem eingangs erwähnten Bild der Frau mit den wehenden Harren entsprach, wurde sie schon zu Lebzeiten als „Hohepriesterin der Präraffaeliten" verklärt. Diesen Titel verdankt sie zum Teil ihrer religösen Lyrik aber auch ihrem Verzicht auf Liebesglück zugunsten ihres Glaubens. Nach ihrem Tod wurde sie dann zur „heiligen Christina" verklärt.

Für ihre Zeitgenossen war es beinahe noch wichtiger, daß Christina Zeit ihres Lebens darum bemüht war, sich nicht von dem „angestammten" Platz der Frau fortzubewegen. Ganz im Gegenteil, sie strebte danach, einen noch bescheideneren Platz einzunehmen, wie es die folgende Strophe ihres Gedichtes *The Lowest Place*, die auf ihrem Grabstein steht, beweist:

*Gib mir den niedrigsten Platz, doch sollte*
*dieser niedrigste Platz noch zu hoch für mich sein*
*gib mir einen noch geringeren,*
*wo ich sitzen und auf dich meinen Gott*
*blicken und dich lieben kann.*

**Marie Laveau**

# Leah Levine
# Marie Laveau, die Priesterin des Großen Damballah

*„Au nom Monsieur Damballah-Wedo-Toka-Mirwaze,*
*Da, Sa Lavatyo pasa wilino wilime oda kosikos*
*oda kosikos oda kosikos oda ayika siuka, oda*
*ayika siuka, oda owedo, neme oda misu wedo,*
*dieke, Damballah-Wedo tegi neg Ak-a-Syel"*

Die Zeit ist schnell vergangen. Oft kann ich es gar nicht glauben, daß ich schon so alt bin. Manchmal denke ich, daß ich von meinen fast achtzig Jahren siebzig Jahre absolut verschwendet habe.

Dieser Meinung bin ich aber nur allein. Viele der Menschen, die mir in den vielen Jahren meines Wirkens begegnet sind, haben mir immer wieder versichert, daß mein Leben ein Geschenk der Götter sei. Sicher, ich habe vielen Hilfe geleistet, aber es hat lange gedauert, bis ich mit meinem eigenem Tun ausgesöhnt und zufrieden war.

Meine Geburt habe ich dem Ärger meiner Mama zu verdanken, die, aus lauter Verzweiflung über die Untreue ihres Liebsten, in einer windigen Nacht aus dem Haus lief und sich dem erstbesten weißen Mann an den Hals warf. Der Vorteil für mich besteht vor allem darin, daß ich durch diese Affäre in den Genuß einer helleren Hautfarbe kam. Erst Jahre später habe ich lernen müssen, daß mit der Farbe der Haut, mit dem Grad der Schwärze, über Glück und Unglück, Freiheit und Sklaverei entschieden wurde. Meine Mama war nicht gerade glücklich, als ich mich ankündigte. Ich war ihr und ihrem Geliebten John im Weg. Die beiden versuchten, sich in New Orleans einen Namen als Voodoo-priester zu machen und den Leuten das Geld aus der Tasche zu ziehen. Meine Großmutter kümmerte sich die meiste Zeit um mich, wenn Mama in der Stadt ihre Zeremonien abhielt. Es war etwa um die Osterzeit, als Mama bei einer ihrer Zeremonien den Zorn der katholischen Priester und einiger weißer Männer auf sich zog und von ihnen aufs brutalste ermordet wurde. Großmutter verlor durch dieses Ereignis den Glauben an die Voodoogötter und konvertierte zum Christentum. Sie packte unsere Sachen zusammen und zog mit mir nach Teché.

In Teché verbrachte ich die schönste Zeit meines Lebens. Alles drehte sich mit dem natürlichen Ablauf des Tages und der Natur. Ich trieb mich viel in den Wäldern und Sümpfen herum und hatte viele Tiere als Spielkameraden. Abends saß ich mit Großmutter in ihrem alten Schaukelstuhl. Während wir schaukelten, erzählte sie mir wunderbare Geschichten von ihrer Heimat in Guinea und traurige Geschichten über die Sklaverei, die sie und ihre Mutter noch am eigenen Leib erleben mußten. Großmutter war streng, und es gab über all die Jahre einen wunden Punkt, an den ich nicht rühren durfte. Wann immer ich sie nach meiner Mama fragte, wie sie ausgesehen hat, wieso sie nicht bei uns war, verfinsterten sich Großmutters Gesichtszüge und sie brach alle Gespräche ab. Mich hat ihr Verhalten tief getroffen; ich hatte doch keine Erinnerung an die Vorkommnisse in New Orleans. Ich lebte im Glauben, daß Mama noch lebte und bald kommen würde, um mit uns zusammen zu sein.

Es war an meinem zehnten Geburtstag, als ich wieder einmal Ärger mit Großmutter wegen Mama hatte. Ich war es leid, daß sie mich immer wieder zu vertrösten suchte, indem sie sagte, wenn ich älter wäre, würde sie mir alles erzählen. Ich sprang von ihrem Schoß und lief weinend in den Sumpf. Stundenlang bin ich umhergelaufen und habe mich klein und hilflos gefühlt. Es fing schon an zu dämmern, als ich mich erschöpft unter eine knorrige Weide setzte. Ich hatte nicht lange gesessen, die Arme um die Knie geschlungen und den Kopf auf die Brust gepreßt, als ich das Gefühl hatte, nicht mehr allein zu sein. Ich schaute auf meine Hände und sah merkwürdige Schatten in den Hand-innenflächen. Wie Schlangen glitten diese regenbogenfarbigen Schatten wild umher. Ich starrte sie an und plötzlich sah ich Bilder. Ich sah drei Frauen, eine Alte, die aufgebahrt und tot aussah, eine Jüngere, die zerschunden an einem Pfahl hing, und eine Junge, die drei Kerzen auf dem Haupt und in den Händen trug. An der Brust der Jüngsten saugte ein Kind, und ich wußte, diese Frau würde eines Tages ich sein. Wenn ich älter wäre, würde genau diese Szene wiederkehren. Ein Knacken im Dickicht ließ mich aufschrecken. Vor mir stand ein tiefschwarzer Mann, dessen Haut so dunkel war, daß sie mit dem Hintergrund der hereingebrochenen Nacht verschwamm. Das Weiß seiner Augen war der einzige Orientierungspunkt für mich. Als ich ihn länger mit angster-fülltem Blick ansah, konnte ich drei tiefe Narben erkennen, die unter-halb seines rechten Auges verliefen. Dieser Mann grinste mich frech an, und in meine Furcht mischten sich Neugierde und so etwas wie Be-gehren. Meine Gefühle waren völlig verwirrt. Der Fremde merkte dies und ließ sich neben mir zu Boden gleiten. Er berührte mich dabei wie zufällig, und seine Berührungen waren wie kleine feurige Blitze auf mei-ner Haut. Ich weiß noch, wie ich die Augen schloß, in der Hoffnung, auch dies sei eine Vision, die beim erneuten Hinsehen verschwunden sei, aber als ich die Augen wieder öffnete, war er noch immer da. Sein schwerer Atem streifte mein Gesicht, und ich versuchte auszuweichen. Er legte seinen Arm um mich und zog mich dicht an sich heran. Als er mich zu streicheln begann, fragte ich ihn, wer er sei, aber er antwortete in Rätseln. „Ich bin dein Vater, dein Gatte, dein Sohn, wachse heran, und wir werden für immer eins sein." Seine Hand glitt zwischen meine Schenkel und eine wohlige Wärme erfüllte meinen Leib. Als ich mich gerade seinen Händen hingeben wollte, hörte ich Großmutter rufen. Sie kam durch den Wald und suchte nach mir. Ich sprang auf, hatte Angst, sie würde mich mit diesem Mann finden. Ich lief ihr entgegen. Als ich mich noch einmal umdrehte, war der Mann fort. Alles war so leer und ruhig, als hätte es ihn nie gegeben.

Als ich am Abend in meinem Bett lag, dachte ich an die Ereignisse des Tages. Obwohl sie erst einige Stunden zurücklagen, hatte ich das Gefühl ,einer Illusion aufgesessen zu sein. War die Vision lediglich ein Tagtraum, ein innerer Wunsch, mehr zu erleben, als es das einfache Leben in Teché hergab? Hatte ich diesen schwarzen Mann wirklich ge-troffen, und wenn ja, wer war er und was bedeuteten seine rätselhaften Worte? Von den vielen Gedanken erschöpft, fiel ich in einen traumlo-sen Schlaf. Je mehr die Wochen und Monate vergingen, desto mehr verblaßte die Erinnerung. Manchmal hatte ich auf meinen Streifzügen noch immer das Gefühl, beobachtet zu werden, aber ich habe den Mann nicht mehr getroffen. Nicht mehr in Teché.

Die Jahre vergingen, und Großmutter hielt mich noch immer nicht für reif genug, die Wahrheit über meine Herkunft, meine Geschichte und meine Mama zu erfahren.

An meinem sechzehnten Geburtstag gab es endlich eine Veränderung. Es war ein außerordentlich heißer Tag, und ich war wieder einmal unterwegs in den dichten Wäldern. Ich ließ mich auf einem abgestorbenen Baumstumpf nieder und war traurig darüber, daß ich immer nur mit Großmutter allein war. Ich hatte keine Freunde, und Großmutter ließ es nicht zu, daß wir Besuch aus den anderen Dörfern bekamen. Sie sagte immer, die Menschen seien böse und brächten nur verrückte Ideen. Für Großmutter schien es genug zu sein, sich mit ihren Heiligen und der Jungfrau Maria zu unterhalten und den Rosenkranz zu beten, aber mir fehlte etwas. Ich spürte immer mehr eine unerklärliche Unruhe, ein Sehnen, dessen Ziel ich nicht kannte.

Als ich zu Boden blickte, entdeckte ich die abgestoßene Haut einer Schlange. Sie sah fast lebendig aus. Ich hob sie auf, und eine angenehme Wärme durchzog meinen Körper. Die Haut schien sich in meinen Händen zu bewegen und ließ den Schimmer eines Regenbogens erleuchten. Plötzlich sah ich vor meinem inneren Auge ein großes Feuer. Menschen tanzten und bewegten sich in wiegenden Bewegungen, wie zum Klang von Trommeln. Ich sah mich selbst inmitten der Menge, eine riesige Schlange umwand meinen Körper, und die Menschen blickten ängstlich in meine Richtung. Sie schienen etwas zu rufen, aber ich konnte ihre Stimmen nicht hören. Ich sah mich, die Augen weit aufgerissen, plötzlich zu Boden gleiten. Was passiert mit mir? Wird mich eine Schlange töten? Ich sah mich über den Boden kriechen, genau wie die Schlange neben mir. Wir krochen auf die Menschen zu, deren Angst sich jetzt mit Entzücken mischte.

So plötzlich diese Vision erschienen war, so abrupt endete sie. Ich war total verwirrt und erhob mich von dem Baumstumpf. Eine kleine Blutlache hatte sich unter mir gebildet. Ich geriet in Panik und stürmte zum Haus zurück, um Großmutter zu suchen.

Statt sich meiner Sorgen und Ängste anzunehmen, teilte sie mir nur kurz angebunden mit, wir würden Teché noch heute verlassen und nach New Orleans gehen. Als ich ihr das Blut zeigte, das an meinen Beinen hinunter lief, sagte sie mir, daß sie darauf schon lange gewartet hätte. Jetzt wäre ich endlich eine Frau und könne mir einen Ehemann suchen, der sich dann statt ihrer um mich kümmern solle. Ich war erschrocken und verunsichert. Ich wollte keinen Mann, ich wollte nicht nach New Orleans. Ich wollte zu meiner Mama und verstehen lernen. Inzwischen war ich überzeugt, daß nur meine Mama mir diese Visionen erklären könne. Großmutter rief immer sofort die Heilige Maria an, wenn ich darauf zu sprechen kam. Sie riet mir, auch auf die Hilfe der Heiligen zu vertrauen, dann würde mein Leben sicher geführt. Aber ich konnte keinen Zugang zu diesen kalten Göttern finden, sie antworteten mir nicht.

Wir waren also nach New Orleans gegangen, die Stadt hatte mich fasziniert mit ihrem Leben und den vielen Menschen. Ich erinnere mich noch, wie wir am ersten Tag fast von einem Weißen erschlagen worden wären. Großmutter hatte das Gespann viel zu schnell durch die Straßen getrieben und war in eine Kutsche gefahren. Ein gut gekleideter Mann war ausgestiegen und schlug auf uns ein.

Zum Glück kam uns ein junger Schwarzer zur Hilfe. Er gab sich für meinen Bruder aus und entschuldigte uns bei dem feinen Herrn. Dieser begann nun, statt uns unseren Retter zu prügeln. Wäre nicht ein anderer Weißer aus der Kutsche gestiegen, um dem Kampf ein Ende zu bereiten, ich weiß nicht, was passiert wäre.

Nicht genug, daß wir mit dem Schock des Unfalls zu tun hatten, plötzlich kam ein seltsam gekleideter Mann mit einem Korb voller Schlangen auf uns zu und redete wild auf Großmutter ein. Sie keifte ihn an, er solle verschwinden, aber er sprang von einem Bein aufs andere und drohte ihr, er wolle einen Voodoozauber über sie verhängen. Wieder griff der junge Schwarze ein und schubste den Mann in den Dreck. „Ich werde auf deinem Grab tanzen, tapferer Krieger, du wirst ruhelos über die Erde wandeln, und keiner weiß, wo deine Knochen verstreut sind. Du wirst eine prächtige Witwe zurücklassen - die Witwe Paris. Ich werde vor Freude tanzen", gackerte der Irre. Immer noch lachend zog er mit seinem Korb von dannen und wurde schnell von den Menschenmassen auf der Straße verschluckt.

Unser junger schwarzer Retter war übel zugerichtet worden, und so nahmen wir ihn mit und pflegten ihn in unserer neuen Heimat, einem Vorort von New Orleans, wieder gesund. Sein Name war Jacques Paris. Es dauerte nicht lange und Großmutter drängte mich immer häufiger, Jacques zum Ehemann zu nehmen. Sie war alt und kränklich und wollte wohl die Verantwortung für mich los sein. Jacques war wie sie ein frommer Christ, und ich glaube, daß war wohl auch der Hauptgrund für ihren Eifer.

Eigentlich wollte ich noch immer nicht heiraten, aber eines Nachts hatte ich wieder Visionen. Ich sah mich in einer Kathedrale, neben mir Jacques. Ich trug ein weißes Kleid und eine Schlangenbrosche. Als der Pater gerade mit der Zeremonie fertig war, drehte ich mich um und blickte in die Augen des Mannes, den ich so viele Jahre für einen Traum gehalten hatte. Wieder hatte er dieses verschlagene Grinsen im Gesicht und sagte mir: „Werde eine Braut und wir werden eins sein."

Mein Entschluß war gefaßt. Ich wollte es wissen. Wenn es diesen Mann gab, würde ich ihn erst treffen, wenn ich verheiratet wäre. Also stimmte ich der Hochzeit noch im selben Monat zu.

In der Nacht vor der Zeremonie bekam ich eine neue Vision. Ich hatte schon geschlafen, als ich plötzlich von Rufen geweckt wurde. Immer wieder hörte ich meinen Namen. Ich folgte der Stimme, und sie führte mich an das Ufer des Flusses. Ein Feuer war entfacht und viele Menschen standen herum. Als ich näher kam, bildeten sie eine Gasse und ließen mich durch. In der Mitte des Kreises stand der schwarze narbige Mann mit einem blinkendem Messer in der Hand. Seine Augen leuchteten auf, als er mich sah, und er ergriff eine Ziege und schnitt ihr mit einem einzigen Schnitt den Kopf ab. Er hielt mir den blutenden Kopf entgegen, und ich wollte ihn gerade ergreifen, als die Vision verschwand und meine Großmutter wütend vor meinem Bett stand und lautstark zur Jungfrau Maria um Vergebung für mich betete.

Die Hochzeit verlief ähnlich, wie ich sie in meiner Vision gesehen hatte. Doch anstatt daß sich am Ende der Zeremonie mein geheimnisvoller Unbekannter endlich offenbarte, bat mich der Pater um ein Gespräch unter vier Augen. Er warnte mich vor den blasphemischen und grausamen Gebräuchen meiner Landsleute, dem Voodoo und bot mir an, ich solle doch mit ihm zusammen den Kranken und Gefangenen Hilfe angedeihen lassen.

Dieses Gespräch hatte mich verwirrt. Ich kam mir wie eine Verräterin vor, weil mich der Voodoo weit mehr faszinierte und ich mich auch innerlich viel stärker zu diesen naturverbundenen Riten hingezogen fühlte.

Am Abend feierten wir die Hochzeit im Dorf. Jacques war unendlich glücklich, daß ich seine Frau geworden war. Wir tanzten und aßen und gingen bald in unsere Hütte, um die Ehe zu vollziehen. Meine Gedanken kreisten nur um den schwarzen geheimnisvollen Mann meiner Vision. Wo war er? Ich hatte doch alles getan.

Es muß schon nach Mitternacht gewesen sein, als ich wieder dieses Rufen hörte. Ich war wach und mir bewußt, daß es diesmal keine Vision, sondern Wirklichkeit war. Ich erhob mich und trat in die schwüle Nacht hinaus. Am Ufer sah ich den Feuerschein. Ich ging direkt darauf zu. Meine Nerven waren zum Zerreißen gespannt. Ich wußte, jetzt war die Zeit gekommen.

Die Menschen schauten mir erwartungsvoll entgegen. Sie riefen immer wieder meinen Namen und den Namen des großen Damballah, des beliebtesten und mächtigsten Gottes des Voodoo. Damballah, der Gott, der langsam über die Erde schritt und den ersten lebenden Kreaturen Leben einhauchte. Ein Fruchtbarkeitsgott, Herrscher über Land und Wasser. Ein Gott, der sich immer wieder selbst gebar. Damballah, die große Schlange.

Langsam begann ich zu verstehen. Meine Visionen, die Schlange, die Besessenheit. Ich trat in den Kreis und bewegte mich zur Musik der drei Trommeln. Damballah hatte mich gerufen. Und sein Werkzeug war der Mann mit den Narben. Endlich stand er wieder vor mir. Er war kein Stück gealtert seit unserer letzten Begegnung. Ich ging auf ihn zu und ließ mich in seine Arme gleiten. Dies war mein wahrer Mann. Ich dachte für einen Augenblick an Jacques, was für eine Enttäuschung mußte ich für ihn sein?

John, so war der Name des Priesters, opferte einen Hahn und gab mir das frische Herz zu essen. Noch bevor ich es hinunterschlucken konnte, hörte ich das Geschrei von Großmutter. Sie stürmte auf mich zu und versuchte mich zu schlagen. Sie beschimpfte mich, und aus ihren Worten lernte ich die Wahrheit unserer Familie kennen. Sie hatte die ganzen Jahre versucht, mich vor der Welt zu verstecken, damit das Schicksal sich nicht erfülle. Das Schicksal unserer Familie war, daß alle

Frauen Priesterinnen des großen Damballah waren. Auch Großmutter war einst eine große Mambo gewesen, aber seit sie ihre Tochter bei einer Zeremonie verloren hatte, hatte sie das Vertrauen in Damballah verloren und sich dem christlichen Glauben zugewandt. Sie hatte wohl die ganze Zeit geahnt, daß der Ruf der Geister mich erreichen würde, aber immer noch gehofft, ich könnte meinem Schicksal entgehen. Gehofft, ich wolle meinem Schicksal entgehen.

Aber ich wollte Damballah dienen, ich wollte meine Aufgabe erfüllen und eine große Mambo werden. Und heute war der Tag, an dem ich damit beginnen konnte. Großmutter redete wild auf mich ein und beschwor mich zu bleiben, aber ich folgte John, meinem Mann. Genauso, wie meine Mama es getan hatte.

Im Laufe der Jahre hatten John und ich uns eine florierende Gemeinde aufgebaut. Wir hielten zwei Zeremonien in der Woche ab. Am Anfang war es nicht einfach gewesen, mit den Besessenheitszuständen umzugehen. Der Geist meiner Mutter hatte von mir Besitz ergriffen und durch meinen Körper die Liebe zu John gelebt, der ja auch mit ihr zusammen praktiziert hatte. Ich wußte lange nicht, wen John mehr liebte, aber es war irgendwann egal. Meine Liebe galt Damballah und ihm hatte ich mich hinzugeben, mit freiem Herzen. Er ließ mich Wunder und Heilungen vollbringen, und die Menschen beteten mich an, wie eine Göttin.

Eine Zeremonie ist mir immer ganz besonders in Erinnerung geblieben. Wir hatten den Ritualplatz in der Nähe des Strandes errichtet. Während ich von Damballah besessen war, trieb es mich plötzlich ins Wasser. Ich lief in die Fluten hinein, ignorierte die Kälte und versank im Meer. Aber ich konnte atmen. Ich schwebte durch das Wasser, als hätte ich nie etwas anderes getan. Damballah war mir ganz nah, er sprach in meinem Inneren. Er ließ mich meine ganze Verwurzelung mit meiner afrikanischen Tradition erfassen. Agwé, der Meeresgott, erschien und zog ein Schiff hinter sich her. Auf dem Schiff waren Menschen aller Hautfarben. Sklaven in Eisenketten, Schmiede, feine weiße Damen in Ballroben. Alle winkten mir zu. „Wir wollen nach Hause fahren", riefen ihre Stimmen. Damballah führte den Zug an, wir reisten nach Afrika. Afrika war wunderschön. Die Landschaft, die üppigen Bäume und das

Gezwitscher der Vögel erfreuten mein Herz. Ich liebte Afrika. Leider mußten wir schon bald wieder zurück. Damballah führte mich erneut durch die dunklen Fluten, und plötzlich schoß ich aus dem Wasser und lief auf den Strand zu. Ich lief über die Wellen, als wären sie der Erdboden. Das Gefühl war unbeschreiblich. Mein Herz war so voller Liebe, Erkenntnis und Geborgenheit. Als ich mich dem Strand näherte, sah ich in lauter erschreckte Gesichter. Ich lachte sie an, und sie entspannten sich. Die Menschen begannen zu singen und lobten Damballah und seine Priesterin.

Zu meinem Geburtstag hatte John mir einen großen Python geschenkt. Ich tanzte während der Zeremonien mit ihm und zog so noch mehr Leute in unseren Bann.

Eines Tages, ich hatte in einem Haus in der Stadt zu tun, überfiel mich auf dem Rückweg ein weißer Mann und tat mir Gewalt an. Ich kämpfte so gut ich konnte, aber er war mir überlegen. Wie von den Göttern geschickt, bekam ich Hilfe von eben jenem Mann, der damals, als ich mit Großmutter nach New Orleans kam, aus der Kutsche gestiegen war und Jacques´ Leben gerettet hatte. Der Täter war sein Schwager. Heute wie damals. Beide Männer kämpften. Ich ergriff einen Stein und erschlug den Angreifer. Louis, mein Retter, wollte den Mord auf sich nehmen, aber das ließ mein Stolz nicht zu. Ich stand zu meiner Tat und legte dem Toten einige Zeichen meiner Macht in die Hände. Jeder sollte sehen, was sogar einem Weißen passiert, wenn er die Voodookönigin angreift.

Meine Tat löste in der Bevölkerung einen wahren Taumel der Gewalt und Unruhe aus. Manch schwarzer Sklave entlud seinen angestauten Haß an seinem Herrn, Soldaten erschlugen Schwarze, um die Ordnung zu retten. Viele kamen an diesem Tag ins Gefängnis. Ich auch.

Die drei Wochen im Gefängnis waren wirklich meine schlimmste Zeit im Leben. Der Dreck und die Verzweiflung meiner Mithäftlinge zerrten an meiner Kraft. Der Richter hatte nicht gewagt, mich zu verurteilen, weil mir meine Geister im Gerichtssaal zur Hilfe eilten und ich für Angst und Schrecken sorgte. Anders die Menschen im Gefängnis. Die Wachen ließen sich von mir einschüchtern, aber, was viel schlimmer war, daß die Gefangenen auf meine Hilfe zählten. Als die Tage vergingen und sich für sie keine Besserung abzeichnete, begannen sie mich zu verspotten. Ich solle ihr Leben durch Zauber retten, ob ich denn meine Kraft verloren hätte? Ich litt mit ihnen, und ihre Verzweiflung war die meine.

Nach meiner Zeit im Gefängnis hatte sich einiges geändert. John war sehr kalt und abweisend zu mir und wollte immer spektakulärere Zeremonien. Er war habgierig und wütend, daß er mich überhaupt brauchte. In einem Streit hörte ich heraus, daß er gar nicht richtig an die Götter und an Damballah glaubte, sondern alles nur für gute Inszenierung und Schau hielt. Andererseits aber wußte er, das Damballah nur seine Priesterin reitet und nie ein Mann in den Genuß kommen konnte, von Damballah besessen zu sein.

Ich hatte in dieser Zeit viel Gelegenheit nachzudenken. Als ich spürte, daß ein Kind in mir heranwuchs, erinnerte ich mich der alten Gesetze unseres Glaubens. Voodoo zu praktizieren, heißt, einem Ahnenkult zu dienen. Die Seelen überleben nach dem Tod und durchstreifen die Welt. Wenn eine Familie das Andenken der Ahnen gewissenhaft pflegt und sie mit Opfergaben versorgt, erscheinen die Geister und helfen mit Rat und Prophezeiungen. Die Sünden des Einen gehen weiter auf die Nachfahren. Schlecht behandelte Seelen können eine Menge Schaden anrichten.

Mein schlechtes Gewissen trieb mich ins Dorf zu Großmutter. Sie war sehr krank und wollte mich eigentlich gar nicht sehen. Für sie hatte ich einen großen Verrat begangen, und sie erwartete, daß ich ein genauso schlimmes Ende wie ihre Tochter, meine Mama, nehmen würde.

Zu meiner Überraschung traf ich Jacques bei ihr. Er hatte sich die ganze Zeit liebevoll um sie gekümmert. Er war erst sehr böse, aber seine Seele verzieh mir. Wir haben an diesem Abend lange miteinander gesprochen und beschlossen, es noch einmal ganz von vorn zu versuchen. Er war bereit, mit mir zurück nach Teché zu gehen und sogar mein Kind mitaufzuziehen. Wir verabredeten uns für die Zeit um *Mardi Gras,* um zu fliehen. John würde mich nicht einfach gehen lassen. Ich war seine Priesterin, ohne mich würde Damballah nicht erscheinen und die Gemeinde würde zerstört.

Unser Plan ging leider nicht auf. Johns Spione hatten davon erfahren, und er ließ Jacques gefangen nehmen. Während eines schwarzmagischen Rituals verwandelte er ihn in einen willenlosen Zombie.

Das Maß war voll. Solange John nur mich mit seinen Gewalttaten und seinem Zorn gequält hatte, hatte ich alles hingenommen. Ich hatte ihm alle Demütigungen und jeden Betrug verziehen. Ich liebte diesen Mann. Aber als ich sah, daß ihm jedes Mittel recht war, seine Macht auszudehnen und ständig zu demonstrieren, reifte in mir der Entschluß, ihn zu töten. Ich wußte lange Zeit nicht wie, aber dann kam mir Damballah zu Hilfe. Während einer Zeremonie, in der John mich unaufhörlich provozierte, wußte ich, was ich zu tun hatte. Der Python, der mir immer ein treuer Begleiter gewesen war, strebte auf John zu. Ich ließ ihn gewähren. Er schlängelte sich an seinem Körper hinauf und umschlang seinen Hals. Bevor John wußte, was passiert, begann der Python ihn zu erwürgen. Leblos fiel John zu Boden. Die Gemeinde hielt diese Einlage erst für Schau, dann für ein Gottesurteil. *Was es ja auch war!*

In der Folgezeit habe ich immer mehr gemerkt, daß auch Großmutters Gott und seine Heiligen Kraft und Macht haben. Ich habe den Versuch unternommen, beide Religionen miteinander zu verbinden. Ich stellte Erzulie die Jungfrau Maria zur Seite und Legba neben Petrus. Ich fand die Kombination sehr gut und hilfreich. Auch meine Bedenken gegen den Pater, der mich einst getraut hatte, und der an jenem Tag wohl geahnt hatte, daß ich von seinem Weg völlig abweiche, ließ ich fallen. Ich begann mit ihm zusammen die Kranken zu pflegen und die Gefangenen in den Gefängnissen zu betreuen. Nur zu gut wußte ich, was sie durchmachten.

Meine Gabe, zu heilen und in die Zukunft zu schauen, half mir bei meiner Arbeit. Ich bin eigentlich bis heute eine gute Mambo geblieben. Die vielen Zweifel habe ich an meine Tochter weitergegeben. Sie geht denselben Weg des Voodoo wie ich. Ich bin stolz auf sie. Ich weiß, daß wir nie aufhören zu existieren, die Menschen glauben an uns, und solange wir in ihrem Gedächtnis sind, sind wir unsterblich. Marie Laveau, ein Name den wir seit Generationen führen, er stirbt nicht, er wird zu einem LOA.

**Dion Fortune (Violet Firth)**

# Alan Richardson

# Dion Fortune, die mächtige Priesterin der Isis

Dion Fortune war das Pseudonym einer der beeindruckendsten, geheimnisvollsten Frauen des Zwanzigsten Jahrhunderts, über deren seltsames Leben und ungewöhnliche Weltanschauung immer noch sehr wenig bekannt ist.

Vor allem war sie eine Magierin, die bis zu ihrem Tode im Jahr 1946 die Auffassung vertrat, ihre besonderen Kräfte und magischen Praktiken würden der Welt eines Tages neue Erkenntnisse vermitteln. In diesem Sinne muß ihr ganzes Leben als Prophezeiung angesehen werden: für die Gleichheit der Frau und ihre spirituellen Fähigkeiten; für das Bewußtsein der Erde und die Verantwortung der Menschen für die Erde; für die transformierenden Kräfte von Liebe, Sex und Medialität; für die Energien, die Traum und Vorstellungskraft in sich tragen - aber auch für die starke, nachprüfbare Realität jener „Anderen Welt", die unsere eigene so stark beeinflußt.

Da die Kleriker von heute in den orthodoxen, etablierten Kirchen immer noch umständlich über den Sinn oder Unsinn weiblicher Priester debattieren, muß Wert auf die Tatsache gelegt werden, daß Dion Fortune bereits vor mehr als sechzig Jahren als wahre, mächtige Priesterin gewirkt hat.

Einer ihrer Zeitgenossen, der berühmt-berüchtigte Aleister Crowley, heimste die ganze Popularität für seine Art der Magie ein - und somit auch die Zuneigung seiner Zeitgenossen, während der Schatten von Dion Fortune in der Dunkelheit versank - ein Tatbestand, der voll und ganz in ihrem Sinne gewesen wäre.

Daß sie eine Magierin war, verdient unsere Aufmerksamkeit; daß sie sich zu dem Thema der Magie mit einer Klarheit und Kraft äußerte, die nie wieder erreicht wurde, verlangt unseren Respekt; und daß sie Prosa schrieb mit einer beschwörenden Kraft, die den Vergleich mit jedem Schriftsteller im englischen Sprachraum standhält, verlangt unsere Bewunderung.

Es gibt viele, die sie als Medium, Mystikerin und Magierin über Crowley stellen. Wie dem auch sei: mit Sicherheit hat sie als Mensch mehr bewirkt. Und mit ihrer Philosophie ist es ihr gelungen, diese Qualitäten in uns allen zu fördern.

Nun kann es eine endgültige Biographie von oder über eine Persönlichkeit nicht geben. Das trifft insbesondere für jemanden wie Dion zu, deren Bewußtsein sich durch viele Dimensionen, über viele Leben, unter Verwendung zahlloser Masken zu erstrecken scheint. Bei meiner weitgehenden Korrespondenz mit ihren vielen Bewunderern wurde klar, daß sie für jeden einzelnen, sei er oder sie Christ, Heide, Theosoph, Hexer, Kabbalist, Esoteriker oder Spiritist, oder was auch immer die vollkommene Manifestation seiner bzw. ihrer eigenen spirituellen Neigungen verkörpert. Für mich ist es eine Bestätigung ihrer wahren Natur: Dion Fortune war alles für alle.

Heute, ein Jahrhundert nach ihrer Geburt (1890), haben wir gerade erst damit begonnen, uns eingehender mit dieser bemerkenswerten Frau zu beschäftigen. Auch wenn die Hauptquellen des biographischen Materials - Tagebücher, Photographien, Briefe und persönliche Dinge - von ihren Erben schmachvoll und feierlich zerstört wurden, ist das, was bleibt, wunderbar genug, um unsere Phantasie zu beflügeln und unsere Seele zu nähren. Keine Biographie könnte die volle Reichweite von Dions Vision einfangen. Einen kleinen Einblick bieten ihre Schriften, von denen einige eine Kraft enthalten, die beim Leser eine Gänsehaut hervorruft und ihm das Gefühl gibt, den Chor der himmlischen Heerscharen zu hören. Jeder von uns könnte, ausgehend von denselben grundlegenden Details ihres Lebens, diesem eine völlig andere Färbung geben - die immer noch richtig, immer noch wahr wäre. Ich möchte betonen, daß jeder diese Chance hat und sie nutzen sollte, denn eines ist sicher: Dion war eine Priesterin der Isis, deren Symbol der Thron ist; aber auch das Symbol für eine Energie und ein Potential, das in jedem von uns schlummert. Das Mysterium ihres Lebens kann uns den Weg zeigen, den Geheimnissen unseres verborgenen Ichs auf die Spur zu kommen.

# Hans - Dieter Leuenberger

# Die Priesterin und Magierin Dion Fortune

Die Renaissance der Esoterik in der westlichen Hemisphäre im Verlauf der letzten hundert Jahre ist von drei Namen repräsentativ geprägt: Helena Blavatsky, Aleister Crowley und Dion Fortune. Drei Namen, deren Träger sich grundsätzlich voneinander unterscheiden und von denen jeder für sich eine ganz bestimmte Richtung dieses neu erwachten Interesses an esoterischer Weltanschauung vertritt. Die Bedeutung von Helena Blavatsky liegt in der Schaffung eines neuen, von den Kirchen unabhängigen religiösen Bewußtseins. Sie war die Theologin innerhalb dieses Dreigestirns, die den Bewohnern des Westens die Hintergründe aufzeigte, aus denen sich die großen Weltreligionen entwickelt haben. Crowley und Dion Fortune waren Magier, die das Wissen, das Helena Blavatsky freigelegt hatte, für praktische Zwecke erforschten und anwandten, wenn auch in diametral entgegengesetzter Art und Weise.

Crowley stürzte sich in die Tiefen der atavistischen, barbarischen Namen, Dämonen und Triebe. Dion Fortune erhob sich in die Sphäre der alten Götter, die in der Seele der Menschen auf ihre Wiederauferstehung harren. Von den dreien erscheint mir Dion Fortune - ich zögere zu sagen die bedeutendste, weil dies, wertfrei gesehen, der Bedeutung von Blavatsky und Crowley in der Geschichte der Esoterik unverdienten Abbruch tun würde - als die für unsere Zeit, sowohl was die unmittelbare Gegenwart wie die Zukunft betrifft, wichtigste.

Man hat Dion Fortune ab und zu als die weibliche Antwort auf Aleister Crowley bezeichnet. Das ist nur bedingt richtig, denn dieser Satz würde zum Mißverständnis führen, als ob Dion Fortune mit Crowley in einen Konkurrenzkampf verstrickt gewesen sei, und zwar auf dessen ureigenstem Gebiet. Das trifft in keiner Weise zu. Darum muß dieser Satz viel umfassender formuliert werden. Dion Fortune ist die Alternative zu Aleister Crowley, und zwar in jeder Beziehung. Daß diese Alternative von einer Frau gegeben werden konnte, hat natürlich auch seine tiefere Bedeutung, denn Crowley benötigte zwar das Weib für seine magischen Operationen, verachtete aber die Frau. Für Crowley waren die Frauen das magische Wegwerfwerkzeug, dessen Schicksal ihn nach Gebrauch kaum mehr kümmerte.

Wie anders da Dion Fortune. Auch sie weiß um das große magische Geheimnis im Zusammenfinden des Weiblichen mit dem Männlichen als den beiden großen Grundkräften unseres Kosmos. Sie achtete das Männliche, den Mann. Das ist das große Thema der Romane von Dion Fortune, und ich kenne keine Schriftstellerin, der es in solcher Weise gelungen wäre, sich in die Psyche des Mannes nicht nur hineinzufühlen, sondern sie auch zu verstehen. Zu verstehen auch, was es bedeutet, in der heutigen westlichen Kultur Mann zu sein, und welcher emotionale Preis dafür entrichtet werden muß, um den Vorteilen und Privilegien der patriarchalen Gesellschaft teilhaftig zu werden. Ich kann mir gut vorstellen, daß mancher Mann erst durch die Lektüre der Schriften von Dion Fortune, namentlich der Romane, zum Erkennen und Verstehen seiner eigenen Männlichkeit kommt.

Dion Fortune wurde geboren, als die Fackel der Theosophie von Helena Blavatsky im fernen Indien nur noch flackerte und sich die Lehre, die sie dem Westen bringen sollte, mehr und mehr in für westliche Menschen meist undurchdringliches Gestrüpp östlicher Philosophie verstrickte und verbarg. Dion Fortune holte "die Lehre" nicht nur in den Westen zurück, sondern entdeckte auch die eigene, westliche Quelle dieser Lehre und gab ihr eine Form und einen Ausdruck, die auch für durchschnittliche und wenig vorbereitete Menschen zu erfassen sind. Darin war sie Rudolf Steiner ähnlich, übertraf ihn aber an magischem Wissen und in der schriftstellerischen klaren Darstellungsweise.

Dion Fortune entdeckte dabei das vergessene oder vielleicht überhaupt noch nicht entdeckte "Gruppenbewußtsein". Das Gruppenbewußtsein ist in jedem Menschen durch seine genetische, ethnische Herkunft geprägt, und ist dafür zuständig, daß wir uns von bestimmten Mythen, Göttern und Kulturen angezogen fühlen oder sie gar in uns wiederfinden.

Hier zeigt sich allerdings Dion Fortune ganz als Angehörige ihrer Epoche, denn westlich war für sie fast gleichbedeutend mit britisch. Vergessen wir nicht, daß sie noch im viktorianischen Zeitalter geboren und erzogen wurde. Die Spannung, die sich daraus zu ihrer Magie ergab, ist in ihren Schriften häufig zu spüren. So achtete sie zum Beispiel in ihren Romanen sorgfältig darauf, daß Mann und Frau durch das Band der legalen Ehe miteinander verbunden sind oder zumindest ihre Beziehung nicht als Ehebruch gesehen werden kann, bevor sie sich in magischer Vereinigung zur Höhe der Initiation emporschwingen. Das ist, aus heutiger Sicht gesehen, leicht rührend und etwas amüsant.

Aber Dion Fortune bestand eben aus zwei Persönlichkeiten. Da gab es die Priesterin und Magierin Morgan, die getreu ihrem magischen Namen (DEO NON FORTUNA, was mir geschieht kommt von Gott und nicht durch das Schicksal), fähig und bereit ist, den Mann, der sich ihr anvertraut und sich ihr hingibt, mit seinem innersten Wesenskern in Berührung zu bringen und ihn so zu dem werden zu lassen, was seine Bestimmung ist. Die Frau, die sich mit der Göttin eins weiß und die Worte des Rituals spricht:

*Ich bin der Stern, der sich aus der See erhebt,*
*der dämmrigen See.*
*Alle Gezeiten sind mein und hören auf mich-*
*die Gezeiten der menschlichen Seele, die Träume,*
*ihr Schicksal*
*Isis verschleiert und Ea, Binah, Ge.*

*Siehe, ich nehme die Gaben, die du mir bringst-*
*Leben und immer mehr Leben - in vollster Ekstase!*
*Ich bin der Mond, der Mond, der dich an sich zieht.*
*Ich bin die wartende Erde, die dich ruft.*
*Steige herab, großer Pan, steige herab!*
*Steige herab, großer Pan, steige herab!*

Aber Dion Fortune blieb auch irgendwo Violet Firth, wie ihr bürgerlicher Name lautete. Das kleine scheue Mädchen, das mit staunenden Augen etwas erschrocken in die Welt blickt, in der Pubertät Gedichte schrieb und so gerne Kinder innerhalb einer gutbürgerlichen Ehe zu Welt gebracht hätte. Kinder blieben ihr versagt. Den Ehemann fand sie erst in den späteren Jahren. Daß ihr Penry, den sie liebevoll Pan zu nennen pflegte, sie wegen einer anderen Frau verließ und sie die letzten Lebensjahre mit dem damals üblichen Makel einer geschiedenen Frau leben mußte, war wohl die geheime Tragödie ihres Lebens. Es bestätigte die Erfahrung, daß es großen Magiern selten gelingt, die Kraft ihrer Magie abseits der Astralebene in ihrem materiell alltäglichen Leben zur Blüte und Auswirkung gelangen zu lassen.

## Alles über Autor/inn/en und Quellen

ASHE, Geoffrey, Historiker, lebt in England im geschichtsträchtigen Ort Glastonbury mit der berühmten Abtei und ist heute als freier Schriftsteller tätig. Als anerkannter Experte veröffentlichte er mehrere Bücher über den arthurischen Sagenkreis, hielt Seminare an amerikanischen Universitäten ab und ist Mitbegründer des Camelot Research Committee, das in Somerset das Cadbury Castle ausgrub.
• Morgan le Fay - die "Priesterin der schwarzen Kunst"
mit freundlicher Genehmigung des Verlages aus: "Geoffrey Ashe: Kelten, Druiden und König Arthur." © by Walter Verlag AG, Zürich 1992

BAUER, Wolfgang, geboren 1940. Diplompsychologe. Mitbegründer des 1972 entstandenen Frankfurter Forschungsinstitutes Psydata und einer von dessen Geschäftsführern bis Mitte 1980. Seither Arbeit als freier Psycologe in sozialwissenschaftlichen und therapeutischen Bereichen. Herausgeber zahlreicher volkskundlich - ethnologischer Bücher, Bildbände, Kataloge sowie psychologischer Broschüren.

- Hildegard von Bingen und Walburga - zwei Heilige die eigentlich keine sind

mit freundlicher Genehmigung des Verlages aus: "Wolfgang Bauer, Irmtraud Dümotz, Sergius Golowin, Herbert Röttgen: Lexikon der Symbole". © 1980 bei Abi Melzer Productions GmbH, Dreieich


BOSO, Barbarina, geboren 1951, Sachbuchautorin, Songtexterin und Unternehmerin. Immer auf der Jagd nach neuen Abenteuern und Erkenntnissen. Nirgends zu Hause, aber immer da.
- Salome - die Priesterin des Todes
- Sor Juana Ines de la Cruz - Die gehorsame Ungehorsame - Die geliebte Ungeliebte

Originalbeiträge. © by Literaturkontor Alte Schmiede, Göttingen


CROSS, Donna Woolfolk veröffentlichte bisher etliche Sachbücher. Sie hat einen Lehrstuhl inne und ist Leiterin eines Schreib-Projektes am Onondaga College im Staate New York.
- Die Päpstin Johanna

mit freundlicher Genehmigung des Verlages "Anmerkungen der Verfasserin. Gab es die Päpstin Johanna?" (gekürzt) aus: "Die Päpstin". © Verlag Rütten & Loening, Berlin GmbH 1996


DION Fortune, eigentlich Violeth Firth (1891-1946)
Sie gilt heute als eine der führenden Persönlichkeiten auf dem Gebiet der Esoterik..
Zeit ihres Lebens lehnte sie Scharlatanerie und materielle Werte ab und war erfüllt von dem aufrichtigen Wunsch, all denen zu helfen, die nach der Wahrheit suchen. In ihren zahlreichen Büchern hat sie viel von sich und ihrem Leben offenbart. Ihre Werke sind eine Fundgrube für alle diejenigen, die sich für Dion Fortune und ihre Sicht der Dinge interessieren.
Morgan - die Seepriesterin von Avalon
aus "Dion Fortune: Die Seepriesterin" Smaragd Verlag 1989

DOBERER, Kurt W. Dipl.-Ing, Jg. 1904, hat sich neben seiner beruflichen Tätigkeit seit Jahrzehnten mit der Geschichte der Alchemie beschäftigt.
• Mirjam die Jüdin- genannt Maria Prophetissa
mit freundlicher Genehmigung des Verlages aus "Die Goldmacher". ©
1987 by Universitas Verlag in F. A. Herbig Verlagsbuchhandlung GmbH, München


DÜMOTZ, Irmtraud, geboren 1952, Diplompsychologin, Mitarbeiterin verschiedener Rundfunkanstalten: u.a. Arbeiten über Symbolik von Comics, das Hexenbild des Mittelalters und das Brauchtum ethnischer Minderheiten und Randgruppen.
• Hildegard von Bingen und Walburga - die Heiligen die eigentlich keine sind.
© siehe Wolfgang Bauer


EDEL, Momo, Jahrgang 1965, Studium der Literaturwissenschaft in Köln und Berlin. Arbeitet als freie Autorin und Übersetzerin und leitet die *Kreative Kulturagentur* in Köln; ist Mitglied der Bücherfrauen.
• Christina Rossetti, die Hohepriesterin der Präraffaeliten
Originalbeitrag. © by Literaturkontor Alte Schmiede, Göttingen


GRÜNEWALD, Marina, Jahrgang 1941, lebt als freie Autorin und Herausgeberin in Norddeutschland. Ist ständig auf Spurensuche in der Anderswelt.
• Seraphina - eine Spurensuche
• Seraphina - die Hohepriesterin der neuen Feen
Originalbeiträge. © by Literaturkontor Alte Schmiede, Göttingen


JENSEN, Anne, ist Mitarbeiterin am Institut für Ökumenische Forschung in Tübingen. Bearbeiterin des Forschungsprojektes über Frauen im frühen Christentum und Autorin des vielbeachteten Werkes

"Gottes selbstbewußte Töchter. Frauenemanzipation im frühen Christentum".
• Thekla - die Apostolin
mit freundlicher Genehmigung des Verlages aus :"Anne Jensen: Thekla- die Apostolin". © Verlag Herder, Freiburg 1995


LEUENBERGER, Hans -Dieter, Jahrgang 1931, hat evangelische Theologie studiert. Nach einer Zeit als Theaterregisseur wurde er zunächst Pfarrer. Seine intensiven esoterischen Studien machten es ihm unmöglich, in seinem kirchlichen Amt zu bleiben. So wurde er Psychologe und Therapeut, Buchautor und Seminarleiter.
• Die Priesterin und Magierin Dion Fortune
aus: "Alan Richardson, Die Priesterin - Leben und Magie der Dion Fortune" Smaragd - Verlag, Neuwied 1995


LEVINE, Leah, geboren 1961, studierte in Göttingen u.a. Geschichte, Publizistik und Volkskunde. Seit 1979 hat sie sich intensiv mit den magischen Künsten befaßt und sich auf dem Gebiet der Magie, der Hexerei und des Tarot einen Namen gemacht. Seit 1989 betreibt sie eine magisch - esoterische Buchhandlung in Hannover. Ihr besonderes Augenmerk gilt der angewandten Magie für Hilfesuchende bei Wirtschafts- und Partnerschaftsproblemen. Autorin des Buches: "Licht und Schatten der Magie - Wege für ein magisches Leben" (Smaragd - Verlag, Neuwied 1999).
• Marie Laveau - die Priesterin des Großen Damballah.
Originalbeitrag. © by Literaturkontor Alte Schmiede, Göttingen


LÜCK, Marita, Jahrgang 1959, absolvierte  zunächst eine Ausbildung zur Baumschulgärtnerin, Nach fünf Jahren studierte sie Kulturpädagogik an der Universität Hildesheim. Sie lebt auf den schottischen Orkney - Inseln, wo sie Kurse gibt, Vorträge hält und ihre Dissertation vorbereitet.

- Die Anderswelt...
Zitat aus: "Marita Lück: Im Zauberkreis der Feen" Walter Verlag AG, Zürich 1997


RICHARDSON. Alan, freier Autor und Privatforscher
- Dion Fortune - die mächtige Priesterin der Isis
aus: "Alan Richardson: Die Priesterin Leben und Magie der Dion Fortune" Smaragd - Verlag, Neuwied 1991


STOLZ, Alban, 1808-1883, studierte in Freiburg zunächst Jura, dann Theologie, wurde 1833 Priester und lehrte 1847-80 als Professor für Pastoraltheologie an der dortigen Universität; war Volks- und Reiseschriftsteller in der Tradition des Katholizismus und ein Meister der Kalendergeschichte.
- Thekla - Apostolin und Erzmätyrerin aus Konya (Ikonium)
aus: "Alban Stolz: Legende oder Der christliche Sternenhimmel" Herdersche Verlagshandlung, Freiburg im Breisgau 1894


WALKER, Barbara G., Amerikanerin, ist Autorin zahlreicher Bücher und unermüdliche Forscherin zu Frauenthemen.
- Maria Magdalena - die Lichtbringerin und "Frau die alles wußte"
mit freundlicher Genehmigung des Verlages aus: "Barbara G. Walker: Das Geheime Wissen der Frauen" © 1983 by Barbara G. Walker. © für die deutsche Übersetzung by Zweitausendeins, Postfach 610637, D-60381 Frankfurt am Main.
Dies ist ein Buch aus dem Literaturkontor Alte Schmiede. Wir, der Verlag und das Literaturkontor - danken allen Rechtsinhaber/inne/n für die freundliche Überlassung der Rechte. Leider war es nicht in allen Fällen möglich, diese festzustellen oder zu erreichen. Der Verlag und das Literaturkontor verpflichten sich, rechtmäßige Ansprüche nach den üblichen Honorarsätzen zu vergüten.

# Bibliothek der Hohepriesterinnen
Zum Stöbern, Schmökern und Weiterlesen

## Allgemeines
Barbara G. Walker: Das geheime Wissen der Frauen (dtv 3o484)
*ein absolutes Muß! Eine wahre Fundgrube und eigentlich Pflichtlektüre!*

Annette Kuhn (Hrsg.) Die Chronik der Frauen (Chronik - Verlag 1992)
*Das Nachschlagewerk für die Geschichte der Frauen!*

Marilyn Yalom: Eine Geschichte der Brust (Marion von Schröder Verlag 1998)
*Sehr empfehlenswert! Besonders das Kapitel „Die Heilige Brust - Göttinnen, Priesterinnen, Frauengestalten der Bibel, Heilige und Madonnen".*

Vicki Leon: Kleopatra & Co - Aufmüpfige Frauen der Antike
Vicki Leon: Elisabeth & Co - Aufmüpfige Frauen des Mittelalters
(beide Aufbau Taschenbuch Verlag 1998)
*Sehr schöne Materialsammlung, oft etwas sehr kurze Biographien. Bedauerlich das kein Register beigefügt wurde.*

Martha Schad: Frauen, die die Welt bewegten - Geniale Frauen der Vergangenheit entrissen. (Pattloch Verlag 1997)
*Sehr gute und reich bebilderte Materialsammlung. Texte oft flach! Schade.*

Bettina Baumgärtl und Silvia Neysters: Die Galerie der Starken Frauen - Regentinnen, Amazonen, Salondamen (Klinkhardt & Biermann 1995)
*Katalog der gleichnamigen Ausstellung!*

**Die Päpstin Johanna**
Donna Woolfolk Cross: Die Päpstin (Rütten & Loening 1996)
*Sehr spannender und informativer „Schmökerroman". Sehr lesenswert!*

Elisabeth Gössmann: Die Päpstin Johanna - Der Skandal eines weiblichen Papstes (iudicium Verlag 1994)
*Die umfangreichste Materialsammlung zum Thema! Es gibt z.Zt. nichts Besseres!*

Klaus Völker: Päpstin Johanna - Ein Lesebuch (Wagenbach - Verlag 1977)
*Hübsche Sammlung. Etwas einseitige Interpretation.*


**Morgan le Fay**
Dion Fortune: Die Seepriesterin (Smaragd Verlag 1989)
*Das absolute „muß"! Gleichzeitig die beste Einführung in die Esoterik!*
Dion Fortune: Mondmagie - Das Geheimnis der Seepriesterin (Smaragd Verlag 1990)
*Fortsetzung der "Seepriesterin"!*

Marion Zimmer - Bradley: Die Nebel von Avalon (Krüger Verlag o. J.)
*Der eigenwilligste, schönste und spannendste Roman zum Thema Tafelrunde und speziell zu Morgan le Fay*

Bertram Wallrath (Hrsg.): Das Buch Camelot - Sagen, Lieder und Geschichten von König Artus und den Rittern der Tafelrunde (Knaur Taschenbuchverlag 1989)
*Sehr schöne und überraschende Auswahl zum o.a. Thema!*

Geoffrey Ashe: Kelten, Druiden und König Arthur (Walter Verlag 1992)
*Hervorragende und sehr informative Einführung in die Mythologie und Sagenwelt der Britischen Inseln.*

## Salome

August Ohm: Flaubert's Herodias (Verlag Bert Schlender 1984)
*Flauberts Interpretation der „Salome - Geschichte" mit wunderbaren Bildern von August.*

August Ohm: Salome von Oscar Wilde (Presto Verlag o. J.)
*Die berühmte Geschichte von Oscar Wilde mit kongenialen Bildern von August Ohm.*

Eva Gesine Baur: Meisterwerke der erotischen Kunst (DuMont Buchverlag 1995)
*Ein sehr lesenswertes Buch - speziell das Kapitel „Salome oder Der Striptease einer Priesterin".*

## Mirjjam die Jüdin

Kurt K. Doberer: Die Goldmacher - Zehntausend Jahre Alchemie (Universitas - Verlag 1987)
Kurt Seligmann: Das Weltreich der Magie - 5000 Jahre Geheime Kunst (Löwit - Verlag o. J.)

## Maria Magdalena

Wilton Barnhardt: Der dreizehnte Apostel (Droemer Knaur Verlag 1994)
*Echter Schmökerroman mit interessanter Darstellung der Person Maria Magdalena.*

## Thekla die Apostolin

Anne Jensen: Thekla - die Apostolin - Ein apokrypher Text neu entdeckt (Herder Verlag 1995)
*Sehr gute Übersetzung aller „Thekla" - Texte und Kommentare und Interpretationen dazu. Hervorragende Arbeit.*

Erich Weidinger: Die Apokryphen - Verborgene Bücher der Bibel (Pattloch Verlag 1988)
*Gut lesbare Zusammenstellung der Apokryphen, speziell hier der „Paulus - Akten" (Thekla-Geschichten).*

Apokryphen zum Alten und Neuen Testament herausgegeben, eingeleitet und erläutert von Alfred Schindler (Manesse Verlag 1988)
*Derzeit wohl beste Ausgabe der Apokryphen - auch hier speziell der „Paulus - Akten"*

### Hildegard von Bingen und Walburga
*Es gibt aufgrund des sogenannten „Hildegard - Jahres" eine Unmenge von Primär- und Sekundärliteratur, so daß es den Rahmen dieser Sammlung sprengen würde, eine entsprechende Liste zu erstellen.*

### Sor Juana Ines de la Cruz
Octavio Paz: Sor Juana Ines de la Cruz oder Die Fallstricke des Glaubens (Suhrkamp Verlag 1991)
*Biographischer Roman über Sor Juana. Interessant aber streckenweise sehr zäh!*

Juana Ines de la Cruz: Erster Traum / Antwort an Sor Filotea de la Cruz (Insel Verlag 1993)
*Originaltexte von Sor Juana Ines de la Cruz zum Kennenlernen.*

Juana Ines de la Cruz: Es höre nicht dein Auge - Lyrik, Theater, Prosa (spanisch/deutsch) (Verlag Neue Kritik Schauer KG 1996)
*Guter Einstieg in das Werk von Sor Juana. Da zweisprachig, kann man sich auch an der Melodik der Originalsprache erfreuen.*

**Seraphina (Lorenza Feliciani)**
William Bolitho: Twelve against the Gods (1930)
*Sehr spannende Geschichte(n) des Abenteurertums, speziell der Beitrag über „Cagliostro und Seraphina".*

Cagliostro - Dokumente zu Aufklärung und Okkultismus. Herausgegeben und mit Erläuterungen von Klaus H. Kiefer (C. H. Beck Verlag 1991)
*Die umfangreichste und beste Materialsammlung zum Themenkreis „Cagliostro und Seraphina".*

Wolfgang Bauer, Irmtraud Dümotz, Sergius Golowin, Herbert Röttgen: Lexikon der Symbole (Abi Melzer Productions 1980)
*Faszinierendes und umfangreiches Nachschlagewerk mit überraschenden Einsichten.*
*Speziell das Kapitel: „Symbolhafte Persönlichkeiten der Geschichte".*

**Christina Rossetti**
Kathleen Jones: Die einsame Rose - Das Leben der Christina Rossetti (Goldmann Verlag 1996)
*Sehr gut geschriebene Biographie von Christina Rossetti.*

Dante Gabriel Rossetti: Gedichte und Balladen und Christina Georgina Rossetti: Ausgewählte Gedichte (englisch/deutsch) (Verlag Lambert Schneider 1960)
*Die subjektiv sehr guten Übersetzungen geben einen guten Einblick in den Stil der Christina Rossetti. Die in unserem Buch verwendeten Übersetzungen sind von Momo Edel und eigens für dieses Buch übertragen worden.*

**Marie Laveau**
Jewell Parker Rhodes: Voodoo Queen (Krüger Verlag 1995)
*Deutsche Übersetzung des sehr guten biographischen Romans „Voodoo Queen Dreams: A Novel of Marie Laveau".*

Marie Laveau: Black And White Magic (International Imports, Los Angeles)
Maya Deren: Der Tanz des Himmels mit der Erde (promedia, Wien)

Leah Levine: Voodoo (Smaragd Verlag 2000)
Während meiner langjährigen Beschäftigung mit Magie und all ihren Seitenzweigen kam ich natürlich auch nicht am Voodoo, einem der spektakulärsten Geisterkulte dieser Welt, vorbei. Voodoo - allein der Begriff ist Magie.
Die Faszination, die diese Religion ausstrahlt, ist für uns Europäer zwar nur am Rande erfaßbar, aber nicht weniger interessant. In diese Religion muß man hineinwachsen. Ein Voodoopriester oder eine Voodoopriesterin entscheidet nicht irgendwann im Leben, jetzt diese Form der Religion zu leben, sondern wird meist schon im Alter von fünf bis sechs Jahren auf seine/ihre Aufgabe vorbereitet. Meist ist auch zu diesem Zeitpunkt schon festgelegt, welchem der Loas der/die Betreffende geweiht wird.

Auf Marie Laveau stieß ich in einer kleinen englischen Buchhandlung, die viele außergewöhnliche, vor allem magische Literatur, aus aller Welt zu bieten hat. Dieses Buch erwähnt, daß Marie Laveau viele Jahre als die Voodoo-Queen von New Orleans bekannt war und ihr Ruf sowohl den Süden als auch den Norden Amerikas erobert hatte. Sie galt als eine außergewöhnliche Frau mit vielen Fähigkeiten. Sogar die englische Königin nahm einst ihre Dienste in Anspruch und muß wohl sehr zufrieden gewesen sein, denn sie hat Marie Laveau fürstlich für ihre Arbeit belohnt.
Auf der Suche nach mehr Information über Marie Laveau stellt man fest, daß sie sehr lange unter dem Namen „Witwe Paris" bekannt war und als Ratgeberin für Weiße wie für Schwarze von unschätzbarem Wert gewesen ist.
Bücher, die von der Autorin Marie Laveau herausgebracht wurden, sind nicht genau zuzuordnen. Ich vermute, daß es sich hier eher um ihre Tochter oder Enkelin gleichen Namens handelt.

Alfred Metraux: Voodoo in Haiti (Merlin Verlag 1994)
Henning Christoph u. Hans Oberländer: Voodoo - Geheime Macht in Afrika (Benedikt Taschen Verlag 1995)
*Diese beiden Bände sind zwei gute und inhaltlich seriöse Bände über die Religion Voodoo.*


**Dion Fortune (Violeth Firth**
Alan Richardson: Priesterin - Leben und Magie der Dion Fortune (Smaragd Verlag 1991)
*Aufgrund der Tatsache, daß Dion Fortune ihre gesamten biographischen Unterlagen vernichtet hat, gibt es wenig Sekundärliteratur. Alan Richardson ist es gelungen aus den wenigen noch vorhandenen Unterlagen eine hervorragende Biographie zusammenzustellen. Die Bücher von Dion Fortune selbst findet man unter* <u>Morgan le Fay</u>.

# Kleine Kostbarkeiten

Jeweils 64 Seiten, gebunden

## Magie in der Küche

Die etwas anderen Küchentips -
auserlesen von Mara Ordemann
Liebe geht durch den Magen -
immer noch!
Und so ist dieses Buch ein wahrer Leckerbissen und Leseschmaus der magischen Art mit hinreißenden Tips für mehr Power in der Küche - aber nicht nur dort ...

ISBN 3-926374-56-X

## Im Zauberbann des Feenreichs

Kleine Botschaften aus der Natur - auserlesen von
Bertram Wallrath
*Man sieht nur mit dem Herzen gut ...* das gilt ganz besonders für den Umgang mit dem Reich der Naturgeister. Dieses Büchlein stimmt Sie ein auf die Begegnung mit den lieblichen Blumenfeen und -elfen und den kraftvollen Baumgeistern.

ISBN 3-926374-57-8

## Das kleine Traumkissen

erträumt von Gina Hellmann
Meditationen und praktische Tips machen

dieses Büchlein zu einem unentbehrlichen Begleiter für die Reise durch die Nacht:
Wie fertige ich ein Traumkissen an? Was ist ein Traumschild? Wie können Steine den Schlaf beschützen? Wie begegne ich meinem Traumführer? Und: Die Begegnung mit meinem Dream Lover!

ISBN 3-926374-61-6

## Das Echte Keltische Baumhoroskop

ausgegraben von Bertram Wallrath
Jeder Mensch ein Baum oder Bäume lügen nicht? Das keltische Baumhoroskop zeichnet menschliche Eigenschaften in ihrer Zuordnung zu unseren Bäumen als faszinierende Alternative zu den uns vertrauten Tierkreiszeichen.

ISBN 3-926374-60-

## Begleitung ins Licht

ausgewählt und zusammengestellt von Thilo Lang

*„Sterben ist nur ein Umziehen in ein schöneres Haus."* (Elisabeth Kübler-Ross)
In früheren Zeiten, als es noch intakte Großfamilien gab, war es selbstverständlich, den Sterbenden auf ihrem Weg in das „schönere Haus" zur Seite zu stehen. Da inzwischen Sterbebegleitung wieder ein Thema ist, sind in diesem kleinen Ratgeber Texte von Elisabeth Kübler Ross, Carmen Thomas, Dion Fortune, Dag Hammarskjöld u.a. zusammengestellt, die die Türen für mehr Empfindsamkeit beim Umgang mit Sterbenden öffnen und damit vielleicht helfen, die Sterbebegleitung neu zu gestalten.

ISBN 3-926374-68-3

## Der Stein der Weisen

gesucht und gefunden von Christoph Martin Wieland

*„So haben wir unser Wort gehalten, und ihr habt in dieser Wildnis den Stein der Weisen gefunden!"*
So endet Wielands schönstes Feenmärchen über Habgier und Bescheidenheit, über Raffgier, Ruhmsucht und wahres Glück. Eine echte Wiederentdeckung aus der Schatzgruhe der magischen Feenmärchen.

ISBN 3-926374-66-7

## Die Magie des Mondes

Geheimnisse und Gesänge für die Göttin

- aus den Schriften von Dion Fortune aufgespürt von Marina Grünewald

Wer in die Geheimnisse der Seepriesterin eintauchen möchte, wer die Gesänge für Isis intonieren will, der findet in dieser kleinen Mondmagie die Lieder, Rituale und geheimen Aufzeichnungen von Lilith oder Morgan le Fay. Sie alle waren Dion Fortune - und Dion Fortune war sie alle!
Lernen Sie die Riten, gestalten Sie Ihren Tempel, führen Sie die geheimen Dialoge mit der Göttin, mit den Göttinnen, begegnen Sie Ihrer Hohepriesterin und kehren Sie zurück, reicher an Wissen und Kraft!

ISBN 3-926374-67-5

# Die Weiße Bruderschaft

**Claire Avalon
Die Weiße Bruderschaft
EL MORYA: Was ihr sät, das erntet ihr!
256 S. brosch. ISBN 3-926374-59-4**

EL MORYA, Aufgestiegener Meister und Herrscher des Ersten Strahls, zeigt in diesem Buch über Karma sehr anschaulich, daß es keinen strafenden Gott gibt, sondern jede Seele für das verantwortlich ist, was ihr widerfährt und daß jedes noch so kleine oder große Problem seine Ursache hat. Vor allem läßt er uns spüren, daß der Vater allen Seins mit unendlicher Güte und Liebe auf die Rückkehr jeder Seele wartet. Auch für Therapeut/inn/en ein wichtiges Buch.

**Anna Amaryllis
Die Weiße Bruderschaft - Freunde im Licht
160 S. brosch. ISBN 3-926374-52-7**

Dieses Buch gibt einen Einblick in das Wirken der Weißen Bruderschaft, zu deren Mitgliedern u.a. Jesus, Daskalos, El Morya, St. Germain, die Indianerin No-Eyes und Yogananda gehören. Es vermittelt Zuversicht, Kraft und Freude all denen, die um die Freunde im Licht wissen und sich diesen Energien öffnen.

# Dion Fortune - Magierin des 20. Jahrhunderts

*Dion Fortune zu lesen, das ist wie an einem feuchtnebligen englischen Tag in einem bequemen Sessel, die Beine gemütlich vor einem wärmenden englischen Kaminfeuer ausgestreckt, eine würzige Tasse erlesenen Tees zu trinken.*

Hans-Dieter Leuenberger

## Ein dämonischer Liebhaber

256 S. brosch.
ISBN 3-926374-24-1

Ein okkulter Thriller und die Geschichte einer spirituellen Odyssee - die Reise eines Mannes durch Tod und Finsternis auf der Suche nach der letzten Wahrheit und innerer Erkenntnis. Er findet Hoffnung und Erlösung durch eine Frau, die das Symbol der Frau schlechthin verkörpert.

## Die Seepriesterin

256 S. brosch. ISBN 3-926374-12-8

Die Seepriesterin gehört zu den klassischen spirituellen Werken des 20. Jahrhunderts und gilt als einer der schönsten Romane, der je über Magie geschrieben wurde.

## Alan Richardson - Priesterin
### Leben und Magie der Dion Fortune

284 S. brosch. ISBN 3-926374-25-X

## Durch die Tore des Todes ins Licht

128 S. brosch.
ISBN 3-926374-29-2

Ein tröstlicher Begleiter für alle, die einen lieben Menschen verloren haben - mit praktischen Hinweisen für den liebevollen Umgang mit dem Verstorbenen und Hilfe bei der Trauerarbeit.

Eine humorvoll geschriebene Biographie über Dion Fortune, eine der schillerndsten Persönlichkeiten dieses Jahrhunderts, die ihr Leben der westlichen Geheimwissenschaft weihte und sich selbst als Priesterin der Isis sah.

Leah Levine

# Licht und Schatten der Magie - Wege für ein magisches Leben

196 S. brosch. ISBN 3-926374-65-9

Licht und Schatten der Magie ist die kritische Auseinandersetzung mit theoretischen und praktischen Formen der Magie. Die Autorin ist seit 19 Jahren praktizierende Magierin und Hexe und hat in dieser Zeit viele Aspekte ihres Genres kennengelernt. Das Buch bietet Wege in die magische Praxis mit vielen Ritualen und Anrufungen.

Varuna Holzapfel

# Das Hexeneinmaleins - Weg einer Einweihung

128 S. brosch. ISBN 3-926374-54-3

Du mußt verstehn! Aus Eins mach' Zehn, ...
Das Hexeneinmaleins ist ein uralter schaman. Einweihungweg und wurde im Mittelalter verschlüsselt, um ihn vor der Inquisition zu retten.

Bei ihrer schaman. Einweihung sah die Autorin in einer Vision ein geöffnetes Buch vor sich - die Lösung dieses uralten Rätsels.

Draja Mickaharic

# Magia - Handbuch für geistigen Schutz

128 S. brosch. ISBN 3-926374-34-9

Dieses Buch zeigt, wie man sich auf einfache, aber wirkungsvolle Weise energetisch schützen und sich und seine Umgebung von negativen Schwingungen reinigen kann.

Varuna Holzapfel

# Einweihung in das Hexeneinmaleins

128 S. brosch. ISBN 3-926374-55-1

Praktisches Arbeiten mit dem Hexeneinmaleins im Kreislauf des Lebens: Geburt, Wasserweihe, Visionssuche, Einweihung in einen Geheimbund, heilige Hochzeit, Schwangerschaft u.v.m. Zeremonien und Rituale zur Einstimmung auf die Feste begleiten die einzelnen Abschnitte.

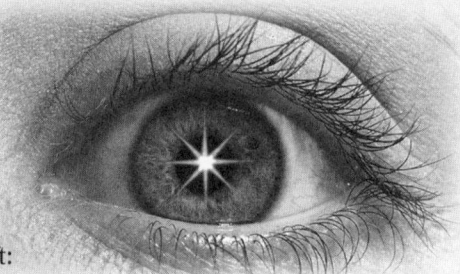